Ulf Fischer
Einmal im Leben Langdistanz-Triathlon

Ulf Fischer

Einmal im Leben Langdistanz-Triathlon

Wie Sie das Ziel erreichen
und Ihr Leben verändern

Bibliografische Information der Deutschen Nationalbibliothek

Die Deutsche Nationalbibliothek verzeichnet diese Publikation in der Deutschen Nationalbibliografie; detaillierte bibliografische Daten sind im Internet über dnb.d-nb.de abrufbar.

© 2010 Ulf Fischer
Herstellung und Verlag:
Books on Demand GmbH, Norderstedt
ISBN 978-3-8391-6131-9

Hinweis: Das Buch ist sorgfältig erarbeitet worden. Dennoch erfolgen alle Angaben ohne Gewähr. Weder Autor noch Verlag können für eventuelle Nachteile oder Schäden, die aus den im Buch gemachten Hinweisen resultieren, in Haftung genommen werden.

Die Marke Ironman ist ein eingetragenes Warenzeichen der World Triathlon Corporation.

Alle weiteren (eingetragenen) Warenzeichen sind im Besitz der jeweiligen Eigentümer.

FÜR UTE UND CAROLINE
die mich unterstützt haben, auch wenn Sie mich oft vermissen mussten.

Für meine Eltern
URSULA UND UDO
die mich als Kind Ausdauer lehrten.

Inhalt

Das Ziel Langdistanz-Triathlon...9
   Anziehungskraft..10
   Beweggründe...11
   Hinderungsgründe..12
   Zusatznutzen...14
   Meine Geschichte...17
   Ziel dieses Buches 21
Voraussetzungen..23
   Gesundheit..24
   Ausdauer...24
   Technik...27
   Kraft...30
   Willensstärke? Motivation!..31
   Erfahrung..34
   Sport, Familie und Beruf
   Wie Sie das Gleichgewicht halten...............................34
Ausrüstung...41
   Trainingssteuerung mit der Pulsuhr.............................42
   Schwimmen..46
   Radfahren...51
   Laufen..59
   Fitnessstudio..63
   Massage..65
   Und sonst noch..66
Ernährung..69
   Gesunde Ernährung..70
Training..79
   Zeitsparend und wirksam trainieren............................80
   Das Jahr richtig einteilen...83
   Trainingsplanung..87
   Trainingsarten..95
      Schwimmtraining..95
      Radtraining...105

> Lauftraining..109
> Regeneration..113
> Und sonst noch..115
> Grundlagentraining..118
> Wettkampftraining im Vorbereitungsjahr....................123
> Wettkampftraining im Langdistanz-Jahr.....................126
> Trainingsausfall..130

Wettkampf..133
Und danach?...147
Bonusmaterial...151

Das Ziel Langdistanz-Triathlon

Anziehungskraft
Wann sind Sie zum ersten Mal mit dem Mythos Langdistanz-Triathlon in Berührung gekommen? Können Sie sich noch an den Moment erinnern? War es ein Fernsehbericht über den Ironman-Hawaii? Oder ein Zeitungsartikel über den Ironman-Deutschland? Vielleicht hat Ihnen ein Kollege erzählt, dass er viel schwimmt, Rad fährt und läuft. Ganz nebenbei hat er dann erwähnt, dass er Triathlet ist und im Sommer einen Langdistanz-Triathlon absolvieren will.

3,86 km Schwimmen, 180 km Radfahren und 42,195 km Laufen. Die Distanzen erscheinen unvorstellbar lang. Jede für sich ist eine schwere Herausforderung für einen Freizeitsportler. Sicher schwimmen Sie ab und zu einen Kilometer in der Schwimmhalle – aber 3,86 km? Vielleicht haben Sie schon einmal eine Radtour von 100 km Länge überstanden. Das hat dann aber auch den ganzen Tag gedauert und Sie waren danach fix und fertig.

Ein Marathonlauf über 42,195 km ist ein Ziel, das Sie einmal im Leben erreichen wollen? Bisher fehlte Ihnen die Zeit und der Antrieb, soviel zu trainieren? Vielleicht haben Sie auch schon einmal an einem Marathonlauf teilgenommen. Dann wissen Sie, wie schwer es ist, einen Marathon zu laufen. Jetzt stellen Sie sich vor, Sie müssten erst noch fast vier Kilometer schwimmen und 180 km Rad fahren. Unvorstellbar.

Unvorstellbar – aber möglich. Das es möglich ist, haben Sie gesehen. Es gibt tatsächlich Menschen, die das können, und nur ganz wenige sind Profisportler. Jedes Jahr nehmen tausende Freizeitsportler an einem Langdistanz-Triathlon teil und erreichen das Ziel. Sie schaffen das Unvorstellbare.

Es ist also möglich. Aber ist es auch für Sie möglich? Sicher haben Sie Zweifel, ob auch Sie das Unvorstellbare erreichen können. Sind Sie ein guter Schwimmer? Sicher muss man ein guter Schwimmer sein, um so weit zu schwimmen, oder? Sind Sie voll berufstätig? Haben Sie eine Familie? Ist es dann überhaupt möglich, so viel Zeit aufzubringen, um im großen Stil in drei verschiedenen Sportarten gleichzeitig zu trainieren? Macht es überhaupt Spaß, so viel zu trainieren?

Das ist es. Das macht die Anziehungskraft des Langdistanz-Triathlons aus. Auf den ersten Blick scheint es ein unmögliches Unterfangen zu sein, oder zumindest nur etwas für einige wenige Profisportler. Etwas, das nur besonders talentierte Menschen schaffen können, und auch nur dann, wenn Sie ledig sind und in Teilzeit arbeiten, wenn Sie also keine anderen Verpflichtungen haben. Aber vielleicht können auch Sie es schaffen. Wenigstens einmal im Leben dabei sein – das wäre was! Wenn es andere Freizeitsportler schaffen können, dann können vielleicht auch Sie es schaffen. Es wird nicht leicht. Es wird sehr schwer werden, aber sicher ist es möglich.

Beweggründe

Wenn es möglich ist – für Sie möglich ist, dann könnten Sie es tatsächlich tun. Aber warum sollten Sie es tun? Nun wo Sie schon mit dem Gedanken spielen, wird es sicher Gründe dafür geben. Jeder der bei einem Langdistanz-Triathlon an den Start geht, hat sicher gute Gründe dafür. Wenn er keine guten Gründe hat, wird er im Laufe des Tages Schwierigkeiten bekommen. Irgendwann kommt der Moment, wo der Geist dem Körper erklären muss, warum er sich noch weiter quälen soll und dann braucht man gute Argumente.

Vielen macht es einfach nur Spaß, sie haben Spaß an der Bewegung. Viel Bewegung macht viel Spaß. Bei einem Langdistanz-Triathlon sind Sie mit Gleichgesinnten zusammen und alle machen das, was ihnen am meisten Spaß macht: schwimmen, Rad fahren und laufen, Bewegung an der frischen Luft.

Etwas zu schaffen, ein Ziel zu erreichen, das groß ist – das kann Ihnen eine tiefe Befriedigung geben. Wer bei einem Langdistanz-Triathlon ins Ziel läuft, der hat lange auf diesen Moment hingearbeitet, nicht nur die vielen Stunden, die seit dem Start vergangen sind. Er trainiert dafür schon seit Monaten. Viele arbeiten seit mehreren Jahren gezielt darauf hin, diesen Augenblick erleben zu können.

Einen Langdistanz-Triathlon zu schaffen, bedeutet Selbstverwirklichung, die Umsetzung der eigenen Wünsche, die Erreichung der eigenen Ziele. Nicht jeder wird verstehen, was Sie da machen, aber viele werden ihre Leistung anerkennen. Anerkennung und Selbstverwirklichung sind die höchsten Bedürfnisse, die wir Menschen entwickeln.

Hinderungsgründe

Es gibt viele Gründe es zu tun, aber es gibt auch einige wirklich gute Gründe es nicht zu tun. Zunächst einmal kostet es viel Zeit, sehr viel Zeit. Sie müssen viel trainieren, wenn Sie am Renntag erfolgreich ins Ziel kommen wollen. Diese Zeit wird Ihnen an anderer Stelle fehlen. Diese Zeit können Sie nicht mit Ihrem Partner verbringen und auch nicht mit Ihren Kindern. In dieser Zeit können Sie keine Freundschaften pflegen und kein Geld verdienen. Diese Zeit werden Sie nicht damit verbringen, an Ihrer Karriere zu arbeiten.

Zudem ist es sehr anstrengend. Schon das Training wird Ihnen schwer fallen. Es wird Augenblicke geben, in denen es Ihnen schwer fallen wird, sich zu überwinden. Sie müssen sich überwinden, eine Trainingseinheit zu beginnen, zur Schwimmhalle zu fahren, oder am Sonntag ganz früh aufzustehen, um eine lange Radfahrt zu unternehmen. Wenn Sie eine Stunde gelaufen sind, müssen Sie sich überwinden, eine weitere Stunde zu laufen, um das Tagesziel zu erreichen. Am Renntag müssen Sie sich überwinden, mitten in der Nacht aufzustehen und drei Energieriegel zum Frühstück zu essen. Zwei Stunden später werden Sie sich überwinden müssen, ins kalte Wasser zu steigen und 3,86 km zu schwimmen.

Es kostet Geld. Sie brauchen einen teuren Neoprenanzug und ein noch teureres Rennrad. Ein- bis zweimal im Jahr brauchen Sie neue Laufschuhe. Sie müssen sich Laufbekleidung für jede Wetterlage zulegen. Der Eintritt für die Schwimmhalle ist auch nicht billig. Sie brauchen ein größeres Auto, oder zumindest einen Dachgepäckträger für das Fahrrad. Zu diesen Ausgaben kommt noch einiges hinzu – aber dazu später mehr. Zum Schluss müssen Sie noch ein Startgeld bezahlen. Eine Unterkunft am Wettkampfort brauchen Sie auch noch. Vermutlich wollen Sie jemanden mitnehmen, der Sie vor Ort unterstützt und Teil hat an ihrem Triumph. Also müssen Sie auch noch für Ihren persönlichen Fan-Club sorgen. Sie zahlen das Hotel und Sie zahlen im Restaurant. Das wird nicht billig.

Sie könnten scheitern. Das ist ein guter Grund, es gar nicht erst zu versuchen. Es könnte schief gehen. Wie stehen Sie dann da? Wozu haben Sie dann soviel trainiert, wenn Sie es am Ende doch nicht schaffen? Vielleicht haben Sie eine Panne mit dem Rad. Zwanzig Kilometer vor dem Wechsel zum Laufen reißt die Kette, dann war alles umsonst. Oder Sie bekommen vielleicht Magenkrämpfe, nachdem Sie zehn Kilometer gelaufen sind.

Ich bin beim ersten Versuch gescheitert. Es hat mir keine Ruhe gelassen. Drei Jahre später stand ich wieder am Start. Diesmal war ich besser vorbereitet. Alles stimmte auf den Punkt. Ich hatte viel und planmäßig trainiert. Meine Familie stand hinter mir. Ich hatte ein erfülltes Berufsleben. Mir war klar geworden, was *meine* Beweggründe waren. Sogar das Wetter war ideal – abgesehen von den 16,5 °C Wassertemperatur.

Zusatznutzen

Wenn Sie die Herausforderung annehmen, werden Sie vieles gewinnen, mit dem Sie gar nicht gerechnet haben. Dazu gehört die Anerkennung von unerwarteter Seite. Die meisten Ihrer Verwandten, Bekannten, Freunde und Kollegen werden vermutlich nicht verstehen, was Sie da machen und warum Sie es tun. Von manchen hätten Sie vielleicht mehr Interesse oder Verständnis erwartet, stattdessen wird es Sie überraschen, wer sich auf einmal für Ihre sportliche Höchstleistung interessiert. Darunter werden sich sicher ein paar Menschen befinden, bei denen Sie das nicht gedacht hätten, Menschen die Sie erst jetzt näher kennen lernen.

Auch die Form der Anerkennung kann ganz überraschend sein. Wenn Sie einen Langdistanz-Triathlon geschafft haben, werden andere über Sie nachdenken. Es ändert das Bild, dass sich andere von Ihnen machen. Sie gelten nun als zielstrebig, beharrlich und fleißig – und das zu recht.

Sie werden so fit sein, wie nie zuvor. Das viele Training, dass vor Ihnen liegt, wird nicht spurlos an Ihrem Körper vorübergehen. Sie werden ausdauernder, kraftvoller und beweglicher sein und Sie werden besser aussehen in ihrem neuen Körper. Die Zeit, die Sie mit dem Training verbringen, wird ihnen auf Ihre Lebenszeit angerechnet – Sie werden länger leben.

Wenn Sie bisher noch nicht Kraul schwimmen konnten – dann werden Sie es jetzt lernen! Kraulschwimmen ist eine Technik, die Sie nur sehr mühsam erlernen können, zumindest dann, wenn es Ihnen wie mir geht. Wenn Sie kein besonders gutes „Wassergefühl" haben und wenn es Ihnen nicht so leicht fällt, alle vier Gliedmaßen zu koordinieren. Umso mehr werden Sie begeistert sein, wenn es endlich funktioniert. Es handelt sich um die eleganteste Art durchs Wasser zu gleiten. Wenn Sie in der Schwimmhalle auf Brustschwimmer treffen, werden Sie sich haushoch überlegen fühlen. Mit dem Kraulschwimmen ist es wie mit dem Radfahren: Einmal erlernt, verlernt man es nie wieder. Wenn Sie einmal vier Kilometer vor der Küste ins Wasser fallen sollten, können Sie einfach an Land schwimmen und müssen nicht ertrinken.

Der Weg zur Langdistanz ist lang. Auf Ihrer Reise werden Sie viel über Ernährung lernen. Sie werden zum Ernährungsexperten und kennen sich mit Kohlenhydraten, Eiweißen und Fetten aus. Es sind aber nicht nur die theoretischen Grundlagen, die Sie kennen lernen. Sie werden lernen, sich gesund zu ernähren. Wenn Sie es nicht schon bisher getan haben, werden Sie Ihre Ernährung auf eine gesunde, ausgewogene Kost umstellen.

Gesundes Essen ist nur einer von vielen Bausteinen einer gesunden Lebensweise. Auf Ihrem Weg zur Langdistanz werden Sie lernen, insgesamt gesünder zu leben als bisher. Das ergibt sich quasi nebenbei. Ihr Körper wird das von Ihnen fordern. Sie werden wie von selbst beginnen, negativen Stress zu vermeiden, ausreichend zu schlafen, ausreichend zu trinken und so weiter. Wenn Sie das notwendige Training schaffen wollen, geht es nicht ohne eine gesunde Lebensweise. Was Sie in der Vorbereitung lernen, wird ihr Leben verändern. Sie können später jederzeit auf das Erlernte zurückgreifen.

Überhaupt werden Sie hinterher eine Menge Dinge wissen, die Sie vorher nicht wussten. Sie werden sich mit Sportbekleidung und Sonnenbrillen auskennen. Sie werden zum Experten für Rennradtechnik. Auf ihren langen Radausfahrten lernen Sie das Umfeld Ihres Wohnortes besser kennen. Sie entdecken neue Orte und unbekannte Wege. Bei der Trainingsplanung lernen Sie etwas über Trainingslehre, die verschiedenen Pulsbereiche und wie man seine Ausdauer kontinuierlich steigert. Fast alles, was ich in diesem Buch schreibe, war neu für mich, als ich mit dem Abenteuer Langdistanz-Triathlon begann.

Große Teile Ihres Trainings werden Sie im Freien verbringen. Das Schwimmen wird im Sommer in einen See oder ins Meer verlegt. Beim Radfahren versteht es sich von selbst, dass man bei Wind und Wetter unterwegs ist. Mit dem Mountainbike werden Sie über Feldwege und durch Wälder fahren. Sie laufen durch Parks, durch den Wald oder durch die Stadt. Überall werden Sie Naturerlebnisse haben, die Sie vorher so nicht hatten. Ihnen begegnen Pferde, Hunde, Katzen, Rehe, Wildschweine, Füchse und Vögel. Die Sonne kann im Sommer erbarmungslos vom Himmel knallen. Im Herbst beobachten Sie, wie sich die Blätter verfärben. Im Winter werden Sie auf Ihrer Laufrunde von einem Eisregen überrascht. Da draußen werden Sie mit allen Sinnen vor allem eines spüren – dass Sie leben!

Sie werden viele lange Trainingseinheiten absolvieren, das gibt Ihnen Zeit, über das Gleichgewicht von Berufs- und Privatleben nachzudenken. Durch das viele Training werden Sie gezwungen sein, sich mit diesem Thema zu beschäftigen. Sie werden lernen, mit Ihrer Zeit sparsamer umzugehen. Statt sich mit Überstunden zu beruhigen und nur scheinbar viel zu leisten, werden Sie in kürzerer Zeit mehr leisten als vorher. Sie werden lernen, die Beziehung zu Ihrem Partner zu festigen. Ihr berufliches und ihr privates Umfeld muss stabil sein, sonst können Sie im Sport nicht die erforderliche Leistung bringen.

Mit den sportlichen Erfolgen wächst das Selbstvertrauen. Sie werden entdecken, dass Sie viele der Erfahrungen, die Sie im Sport machen, auch auf andere Bereiche übertragen können. Der größte Effekt stellt sich nach dem Erreichen des Ziels ein. Sie werden sich sagen: „Wenn ich das schaffe – schaffe ich alles!"

Es gibt gute Anzeichen dafür, dass sich die Leistungsfähigkeit Ihres Hirns durch Ausdauersport erhöhen lässt. Ich kann mich noch genau an den Moment erinnern, wo diese gute Nachricht zu meinem Hirn vordrang. Ich war auf Dienstreise bei einem Kunden. Abends im Hotel nahm ich mir eine Zeitschrift mit aufs Zimmer. Ich hatte zu diesem Zeitpunkt schon mehrere Jahre Ausdauersport betrieben und war bereits mehrere Marathons gelaufen. In den letzten Jahren hatte ich mich von einem eher zurückhaltenden, introvertierten Pessimisten in einen offenen, positiv denkenden Optimisten verwandelt. Das hatte mir beruflich und privat sehr geholfen. Nun las ich in der Zeitschrift die Erklärung dafür: Der Ausdauersport hatte mein Hirn verändert!

Meine Geschichte

Als Jugendlicher war ich nie besonders sportlich, aber ich konnte etwas, dass sich meine Mitschüler kaum vorstellen konnten. Ich konnte zehn Kilometer laufen. In der Schule mussten wir drei Kilometer laufen, auf Zeit. Die Zeit für eine Eins war so knapp bemessen, dass ich es nicht schaffen konnte. Ich glaube wir hatten für eine Eins zwölf Minuten Zeit. Das war viel zu schnell für mich. Als ich ganz stolz erzählte, dass ich aber zehn Kilometer unter einer Stunde laufen könnte, hielten mich die anderen für einen Spinner. Es war die Zeit, wo es langsam modern wurde zu laufen - die Anfangszeit der Laufbewegung. Mein Vater war Ende vierzig und von Anfang an dabei. Er nahm mich mit auf seine Laufrunden. Wir dehnten die Runden aus, bis wir bei etwa zehn Kilometern ankamen.

Über das Laufen kam ich zum Orientierungslauf. An den Wochenenden lief ich bei Wettkämpfen mit Karte und Kompass durch den Wald und suchte sogenannte Posten, an denen man mit einer Lochzange ein Muster in die Karte lochen musste. Die Muster dienten zum Beweis, dass man alle Posten gefunden hatte. Das war ein Sport, dem ich noch lange nachgetrauert habe. Einen kleinen Trost habe ich später im Geocaching gefunden, einer Art Schnitzeljagd mit GPS-Unterstützung.

Die längste Laufstrecke, die ich als Jugendlicher ausprobierte, waren 25 km beim Harzgebirgslauf. Nach der Hälfte der Strecke war ich platt und konnte den Rest nur noch gehend zurücklegen. Schon damals fehlte mir die Grundlagenausdauer - das wusste ich aber noch nicht und es hat noch sehr lange gedauert, bis ich es herausgefunden habe. Mein Versagen war mir so peinlich, dass ich nicht durchs Ziel ging, um nicht mit der schlechten Zeit im Ergebnisheft zu landen.

Später habe ich von Zeit zu Zeit versucht, mir zu beweisen, dass ich noch 10 km laufen kann. Mit zunehmendem Alter wurden die Versuche seltener. Ich habe zwar immer mal wieder versucht, mit dem Laufen anzufangen, bin aber nie lange dabeigeblieben. Bei einem dieser Versuche habe ich es dann wohl übertrieben. Außerdem hatte ich wohl die falschen Schuhe. Meine Knie fingen an zu schmerzen und der Schmerz hörte auch nach Tagen nicht mehr auf.

Ich ging zu einer Orthopädin. Sie ließ die Knie röntgen um mir dann zu erklären, dass auf dem Bild *noch* keine Abnutzung des Knorpels zu erkennen ist. Dann bekam ich Reizstrom. Geholfen hat es nicht. Ich bin dann nicht mehr hingegangen. Irgendwann ging der Schmerz dann von selbst weg. Laufen wollte ich nach dieser Erfahrung nicht mehr. Ich versuchte es mit Inlineskaten und Rad fahren. Aber das schlief bald wieder ein.

Mit 33 Jahren hatte ich ein Krise. Über drei Jahre Arbeit am Computer waren nicht spurlos an mir vorübergegangen. Ich war außer Atem, wenn ich Treppen hoch laufen musste. Ich hatte Rückenschmerzen. An den Wochenenden hatte ich Kopfschmerzen. Zudem war ich von Jahr zu Jahr dicker geworden. So konnte es nicht weitergehen.

Ich machte einen neuen Versuch und begann wieder mit dem Laufen. Diesmal wollte ich alles richtig machen und kaufte mir zuerst einmal richtige Laufschuhe. Eine weise Entscheidung. Ich versuchte auch nicht gleich 10 km zu laufen. Stattdessen fuhr ich mit dem Auto zu einem Parkplatz an einer Landstraße und lief ungefähr zwei Kilometer um eine Schafkoppel herum. Das war im November 2000. Morgens stieg der Nebel von den Feldern auf. Der erste Raureif schmückte die Bäume. Die neugierigen Schafe kamen angelaufen und ließen sich mit trockenem Gras füttern. Das war für mich der beste Start in den Arbeitstag. Ich hatte das Laufen wiederentdeckt und es war noch schöner als in meiner Erinnerung.

Dann kam der Ehrgeiz. Ich suchte mir eine Zehn-Kilometer-Runde und erarbeitete mir Kilometer für Kilometer. Schon nach kurzer Zeit konnte ich wieder zehn Kilometer laufen. Zu Ostern 2001 waren wir im Urlaub auf Bornholm. Ich lief auch im Urlaub und ich lief weiter als zehn Kilometer. Nach dem Laufen saß ich auf der Terrasse des dänischen Ferienhauses und dachte nach: Einmal im Leben beim Berlin-Marathon mitlaufen - das wäre was! Nach dem Urlaub habe ich mich zum Start angemeldet.

Vor mir lag noch der ganze Sommer. Der Berlin-Marathon findet jährlich am letzten Wochenende im September statt. Ich trainierte viel. Laufen wurde zu meiner Leidenschaft. Im September lief ich meinen ersten Marathon. Schon kurz nach der Hälfte der Strecke wurde es schwer. Ich musste streckenweise gehen. Ich wechselte Gehen und Laufen ab. Zum Schluss konnte ich die Beine kaum noch heben. Nach vier Stunden und siebenundvierzig Minuten kam ich endlich ins Ziel. Ich war meinen ersten Marathon gelaufen. Der Muskelkater hielt einen Monat lang.

So ganz zufrieden war ich nicht mit mir. Eigentlich wollte ich unter vier Stunden laufen. Danach lief ich 25-km-Läufe,

Halbmarathons und jedes Jahr im September lief ich wieder beim Berlin-Marathon mit. Unter vier Stunden bin ich nie geblieben. Irgendwann schlich sich dann die Idee mit dem Langdistanz-Triathlon ein. Wie bei vielen anderen, so kam auch bei mir der letzte Anstoß durch einen Fernsehbericht vom Ironman-Hawaii. Für mich schien der Marathonlauf das Schwerste am Ironman zu sein - und Marathon laufen konnte ich ja schon. Also konnte ich vermutlich auch einen Langdistanz-Triathlon wie den Ironman schaffen.

Mein Langdistanz-Plan ging über zwei Jahre. Im ersten Jahr schaffte ich einen Mitteldistanz-Triathlon. 2,2 km Schwimmen, 80 km Radfahren und 20 km Laufen. In sechs Stunden und fünf Minuten wurde ich zum Spreewaldmann. Zum großen Spreewaldmann, um genau zu sein. Das war 2005. Das Jahr 2006 sollte mein Langdistanz-Jahr werden. So richtig strukturiert war mein Training aber nicht. Im August wollte ich am Ostseeman in Glücksburg teilnehmen. Mein erster Triathlon über die Langdistanz. Im Juli verbrachten wir drei Wochen Urlaub in Südfrankreich. An ein zielführendes Training war bei der Hitze nicht zu denken. Stattdessen gab es gutes Essen und reichlich Roséwein. Zum Aperitif gab es Pastis und zum Digestif Eau de Vie.

Beim Ostseeman 2006 kam der Einbruch auf den letzten Radrunden. Laufen konnte ich dann nur noch ein paar Kilometer. Nach einer Runde von acht Kilometern wollte ich eigentlich schon aufgeben. Meine Frau und meine Tochter haben mich dann noch einmal angefeuert und ich bin bis Kilometer Zehn gelaufen. Dann war aber endgültig Schluss. Schon im Gehen war ich außer Atem. Meine Atemmuskulatur schmerzte. Ich war am Ende. Ich musste meiner Frau in die Hand versprechen, dass ich es nie wieder versuchen würde. Unter Zwang verspricht man vieles.

Es war einfach nur deprimierend. Ich hatte aufgegeben. Das Finisher-Shirt wanderte in den Koffer. Am nächsten Morgen war ich beim Frühstück im Hotel umringt von Finisher-Shirts. Nur ich konnte meines nicht tragen, denn ich war kein Finisher, ich war ein DNF, ein Did-Not-Finish.

Ich versuchte mich damit zu trösten, dass ich es ja *fast* geschafft hatte. Immerhin hatte ich mehr als zwei Drittel der Strecke hinter mich gebracht. Beim Ostseeman starten auch Staffeln. Ich fühlte mich als zwei Mann einer Drei-Mann-Staffel – der Schlussläufer hatte versagt.

Zwei Spreewald-Triathlons und einen Berlin-Marathon später fasste ich den Entschluss noch einmal beim Ostseeman zu starten. 2009, drei Jahre nach meinem ersten Versuch, lief alles besser. Diesmal war ich nach Plan vorgegangen und hatte ein Jahr dafür trainiert, davon dreißig Wochen in der direkten Vorbereitung, an sechs Tagen in der Woche. Der Start war um 7.00 Uhr morgens. Um 21.11 Uhr war ich im Ziel. Ich war ein Ostseeman.

Ziel dieses Buches
Dieses Buch habe ich für Freizeitsportler geschrieben, die einmal im Leben einen Langdistanz-Triathlon schaffen wollen. Für alle, die keine Profisportler aber voll berufstätig sind und eine Familie haben. Ich möchte Ihnen eine Anleitung geben, wie Sie sich diesen Traum möglichst unkompliziert erfüllen können. Als ich für mich nach Trainingsplänen und Anleitungen gesucht habe, konnte ich nichts finden, was wirklich praktikabel war. Sie sollen es einfacher haben. Folgen Sie meiner Anleitung und verwirklichen Sie sich ein Lebensziel!

Die Trainingspläne in diesem Buch sind auf dieses eine Ziel ausgerichtet: Einmal im Leben Langdistanz-Triathlon. Es geht also nicht darum, Ihre persönliche Bestzeit zu erreichen. Es geht *nur* darum, ins Ziel zu kommen, und – glauben Sie mir –

das allein ist schon schwer genug. Meine Angaben zu Ernährung, Leistungsfähigkeit und Training sind nicht immer wissenschaftlich oder medizinisch belegt. Sie beruhen auf meinen eigenen, persönlichen Erfahrungen.

Voraussetzungen

Gesundheit
Stellen Sie sicher, dass Sie gesundheitlich in der Lage sind, das Training und den Langdistanz-Triathlon zu bewältigen. Ihr Körper muss bis zu 15 Stunden Leistung erbringen können. Das stellt hohe Anforderungen an Ihr Herz-Kreislauf-System. Ihre Muskeln müssen über lange Zeit gut versorgt werden, Ihr Stoffwechsel muss funktionieren. Bevor Sie mit dem Training beginnen, sollten Sie sich unbedingt ärztlich untersuchen lassen. Fragen Sie Ihren Arzt, ob Sie die gesundheitlichen Voraussetzungen für das Training und den Wettkampf erfüllen. Gehen Sie keine großen Risiken ein!

Wenn Sie Übergewicht haben, dann sollten Sie zuerst einmal abnehmen. Das Übergewicht wird Sie beim Lauftraining behindern. Laufen ist belastend für die Gelenke. Das gilt umso mehr, je schwerer Sie sind. Außerdem wird Sie Ihr Übergewicht auch im Wettkampf behindern. Nehmen Sie zuerst ab und beginnen Sie erst dann mit dem gezielten Training. Um das Abnehmen zu unterstützen, können Sie ein Grundlagentraining anwenden, wie ich es im Kapitel Training beschreibe.

Ausdauer
Bei einer sehr intensiven sportlichen Leistung befindet sich der Körper in einer anaeroben Stoffwechsellage. Die Energiegewinnung in den Muskeln erfolgt ausschließlich durch Verbrennung von Kohlenhydraten. Bei einer weniger intensiven Leistung befindet sich der Körper in einer aeroben Stoffwechsellage. Neben Kohlenhydraten werden auch Fette in Energie umgewandelt. Der Übergang von der aeroben zur anaeroben Stoffwechsellage wird als anaerobe Schwelle bezeichnet. Je niedriger die Leistung im Bezug auf die anaerobe Schwelle ist, desto höher ist der Anteil der Energiegewinnung aus Fetten.

Kohlenhydrate sind im Körper als Glykogen gespeichert. Die Glykogenspeicher befinden sich in der Leber und in den Muskeln. Das gespeicherte Glykogen reicht allein nicht aus, um damit einen Langdistanz-Triathlon zu bestreiten.

Wenn Ihnen in einem langen Training oder während des Rennens die Kohlenhydrate ausgehen, sind Sie plötzlich nicht mehr in der Lage, die Leistung aufrechtzuerhalten. Dieser Zustand wird als Hungerast bezeichnet. Andere, treffende Umschreibungen für den plötzlichen Einbruch sind „der Mann mit dem Hammer" oder „gegen die Wand laufen".

Über die Nahrung können während des Triathlons weitere Kohlenhydrate aufgenommen werden. Die Aufnahme über den Darm ist aber begrenzt. Es kann nur immer eine bestimmte Menge von Kohlenhydraten in einer gewissen Zeit aufgenommen werden. Das gespeicherte Glykogen und die zusätzlich während des Wettkampfes aufgenommenen Kohlenhydrate reichen auch zusammengenommen noch nicht aus, um einen Langdistanz-Triathlon zu bewältigen.

Als zusätzliche Energiequelle sind Sie also auf Ihre Fettreserven angewiesen. Auch bei Menschen, die nur wenig Körperfett haben, reichen diese Reserven theoretisch für mehrere Langdistanz-Wettkämpfe aus. Während die Kohlenhydrate nur sehr begrenzt zur Verfügung stehen, sind die Fettreserven also quasi unerschöpflich.

Die Fettverbrennung hat aber gegenüber der Energiegewinnung aus Kohlenhydraten ein paar Nachteile. Bei der Fettverbrennung benötigt der Körper mehr Sauerstoff als bei der Verbrennung von Kohlenhydraten. Das bedeutet, dass Sie für die selbe Leistung bei der Fettverbrennung mehr atmen müssen, als bei der Verbrennung von Kohlenhydraten. Zudem kommt die Fettverbrennung nicht ganz ohne Kohlenhydrate aus. Eine Stoffwechsellage, in der nur Fette verbrannt werden und keine Kohlenhydrate, ist also nicht möglich.

Die wichtigste Voraussetzung für einen Langdistanz-Triathlon ist die Grundlagenausdauer. Sie haben eine gute Grundlagenausdauer, wenn Sie eine bestimmte Leistung sehr lange aufrechterhalten können und dabei möglichst wenig Kohlenhydrate verbrauchen. So wenig, dass Sie die Leistung über die gesamte Wettkampfdauer aufrechterhalten können, ohne dass Ihnen die Kohlenhydrate ausgehen. Die Leistung muss dabei mindestens so hoch sein, dass Sie noch vor Zielschluss ankommen.

Eine andere, für den Triathlon bei Weitem nicht so wichtige Voraussetzung ist die Kraftausdauer. Dabei geht es darum, eine Bewegung unter großer Kraftentwicklung über eine kürzere Zeit hinweg aufrechtzuerhalten. Sie brauchen diese Kraftausdauer zum Beispiel, wenn Sie jemanden auf der Radstrecke überholen wollen, bei einem steilen Anstieg oder beim Zieleinlauf, wenn Sie die Zuschauer mit einem Endspurt beeindrucken wollen. Die Kraftausdauer ist aber auch wichtig für die Fähigkeit, eine so lange Belastung auszuhalten, wie einen Langdistanz-Triathlon. Mit zunehmender Dauer ermüden die Muskeln und es treten ähnliche Belastungen auf, wie sie bei Kraftausdauer-Leistungen auftreten. Wenn Sie dann noch das Tempo halten wollen, benötigen Sie „Tempohärte" und die trainiert man mit Kraftausdauer-Training.

Wenn Sie über die notwendige Grundlagenausdauer und Kraftausdauer verfügen, reicht das allein immer noch nicht aus, um einen Langdistanz-Triathlon bis ins Ziel durchzuhalten, dazu brauchen Sie noch eine weitere Ausdauerfähigkeit. Ihre Muskeln und Ihre Sehnen müssen in der Lage sein, die immer wiederkehrenden Bewegungen beim Radfahren und beim Laufen durchzuhalten. Besonders hart ist die Belastung durch das stundenlange Laufen beim Marathonlauf am Ende der Langdistanz. Um das ohne größere Ermüdung oder gar ernsthafte Schäden verkraften zu können, müssen Ihre Muskeln und Sehnen durch jahrelanges umfangreiches Training an eine solche

Belastung herangeführt werden. Sie bilden dann die sogenannte Ultrastruktur aus.

Damit Sie Grundlagenausdauer und Ultrastruktur entwickeln können, sollten Sie sich mindestens zwei Jahre Zeit für das Unternehmen Langdistanz nehmen. Wenn Sie ein fortgeschrittener Ausdauersportler sind, können Sie natürlich auch direkt mit dem Langdistanz-Jahr beginnen. Folgende Voraussetzungen sollten Sie mindestens erfüllen:

Voraussetzungen für das Vorbereitungsjahr:

- Sie sind in der Lage 48 Minuten mit dem Rad zu fahren, bei einer Durchschnittsgeschwindigkeit von 25 km/h.
- Sie können 32 Minuten laufen und schaffen dabei eine Strecke von 4,5 km.

Voraussetzung für das Langdistanz-Jahr:

- Sie haben im Vorjahr einen Halb-Ironman-Triathlon oder eine Mitteldistanz geschafft: 2 km Schwimmen, 80 km Radfahren, 20 km Laufen.

Sie erfüllen die Mindestvoraussetzungen für das Vorbereitungsjahr nicht? Kein Problem, lassen Sie sich einfach länger Zeit. Lesen Sie dieses Buch zu Ende und dann arbeiten Sie an Ihrer Ausdauer. Orientieren Sie sich an dem Grundlagentraining, das ich im Kapitel Training beschreibe. Sobald Sie die Voraussetzungen erfüllen, können Sie mit dem Vorbereitungsjahr beginnen.

Technik

Die am meisten technische Disziplin ist das Schwimmen. Wasser leistet viel mehr Widerstand als Luft. Mit Kraft können Sie auf Dauer nicht viel dagegen ausrichten. Es kommt auf die richtige Schwimmtechnik an.

Wenn Sie bisher nicht Kraul schwimmen konnten, dann sollten Sie es jetzt lernen. Sicher können Sie die 3,86 km auch mit Brustschwimmen schaffen. Es gibt aber gute Gründe, warum Sie es nicht tun sollten. Zunächst einmal werden Sie wesentlich schneller sein, wenn Sie Kraul schwimmen. Die Brustschwimmer sind immer die Letzten, die aus dem Wasser kommen. Es sieht natürlich auch viel eleganter aus, wenn Sie Kraul schwimmen. „Echte" Triathleten schwimmen Kraul. Brustschwimmen ist etwas für Anfänger!

Was aber am meisten gegen das Brustschwimmen spricht: Es belastet die Beine. Der Vortrieb kommt beim Brustschwimmen hauptsächlich aus der Beinbewegung. Wenn Sie nach fast vier Kilometern aus dem Wasser steigen, sind Ihre Beine schon vorbelastet. Wenn Sie Kraul schwimmen, werden Sie Ihre Beine nur benutzen, um die Balance zu halten. Sie verbrauchen nur wenig von der Energie, die in Ihren Beinmuskeln gespeichert ist und können sie dort einsetzen, wo sie wirklich gebraucht wird, beim Radfahren und beim Laufen.

So schön dieser Schwimmstil auch ist, er hat einen großen Nachteil. Es ist wirklich schwierig, Kraulschwimmen zu lernen. Am Anfang ist es zum Verzweifeln. Sie können vielleicht eine Bahn kraulen, aber nicht zwei, weil Sie nicht genug Luft bekommen. Die kurzen Momente, wo Sie Mund und Nase aus dem Wasser heben, reichen nicht aus, um die Lungen ausreichend mit Luft zu füllen. Verzweifeln Sie nicht, schwimmen Sie eine Bahn Brust und versuchen Sie es dann noch einmal. Sie müssen die Bewegungen immer und immer wieder wiederholen, um sie zu vervollkommnen. Das braucht Zeit.

Auch beim Radfahren benötigen Sie die richtige Technik. Das Wichtigste, das Sie lernen müssen, ist der sogenannte „runde Tritt". Die Tretbewegung muss kontinuierlich sein. Sie dürfen nicht ruckartig nach unten treten. Treten Sie gleichmäßig. Versuchen Sie gleichzeitig das andere Bein zu entlasten.

Mit Klickpedalen sind Ihre Schuhe fest mit dem Rad verbunden. Sie können mit einem Bein ziehen, während Sie mit dem anderen treten. Wenn Sie den runden Tritt beherrschen, erhöhen Sie Ihre Trittfrequenz. Es kommt darauf an, schneller zu kurbeln und trotzdem noch gleichmäßig zu treten. Mit einer hohen Trittfrequenz erzielen Sie einen besseren Wirkungsgrad in Ihren Muskeln. Sie können in leichteren Gängen fahren und müssen nicht so viel Kraft aufwenden.

Aber das ist noch nicht alles, was Sie über die Radfahrtechnik wissen müssen. Sie müssen lernen, schnelle Kurven zu fahren. Es ist wichtig, dass Sie die Kurven mit einer möglichst hohen Geschwindigkeit durchfahren können. So können Sie es vermeiden, vor Kurven abzubremsen und Energie zu verlieren. Wenn Ihre Rennstrecke große Steigungen enthält, müssen Sie an Ihrer Bergfahrtechnik arbeiten. Vielleicht sind die Steigungen so groß, dass Sie aus dem Sattel steigen müssen. Dann sollten Sie den Wiegetritt beherrschen.

Die letzte Disziplin ist das Laufen. Auch hier kommt es auf die richtige Technik an. Sie müssen sehr weit laufen. Laufen Sie möglichst energiesparend. Machen Sie kleine Schritte. Achten Sie darauf, dass Ihr Oberkörper und Ihr Kopf möglichst stabil auf einer Höhe bleiben. Vermeiden Sie einen federnden Schritt, bei dem sich Ihr Oberkörper auf und ab bewegt, das kostet Energie, die Sie für die Strecke brauchen. Halten Sie Ihren Oberkörper gerade. Wenn Sie sich beim Laufen leicht nach vorne beugen, kommt es Ihnen vielleicht so vor, als ob Sie bergab laufen würden, so werden Sie aber Probleme mit Ihren Rückenmuskeln bekommen. Wenn Sie aufrecht laufen, kann sich Ihre Rumpfmuskulatur immer wieder entspannen und ermüdet nicht so schnell.

Beim Triathlon müssen Sie mehrmals die Kleidung wechseln. Das fängt schon damit an, dass Sie vor dem Start den Neoprenanzug anziehen müssen. Auch dafür brauchen Sie die richtige Technik. Und fürs Ausziehen auch. Im Training müssen Sie auch das üben und Ihre Wechseltechnik verbessern. Das ist umso wichtiger, je kürzer die Strecke ist. Beim Langdistanz-Triathlon können Sie sich ruhig ein wenig Zeit beim Wechseln nehmen. Den größten Teil Ihrer Zeit werden Sie auf der Strecke verbringen, da kommt es auf die paar Minuten in der Wechselzone nicht an. Aber auch dann ist es gut, wenn Sie das Wechseln beherrschen. Ihre Muskeln sind müde und wenn Sie jetzt am T-Shirt zerren, das sich auf der nassen Haut partout nicht überstreifen lassen will, können Sie sich ganz schnell einen Krampf oder eine Zerrung einhandeln.

Und dann ist da noch die Nahrungsaufnahme, auch das will gelernt sein. Sie müssen auf dem Rad aus der Radflasche trinken können und dabei einarmig lenken. Sie müssen die Flasche in den Flaschenhalter zurückstecken können. Das funktioniert bei dem vorderen Flaschenhalter anders, als bei dem am Sitzrohr. Während der Fahrt müssen Sie Energieriegel öffnen können. Sie müssen Riegel essen können, während Sie fahren. An den Verpflegungspunkten müssen Sie Flaschen abwerfen und neue entgegennehmen können, ohne dabei zu stürzen. Oft sind die Verpflegungsstellen dafür an kleineren Anhöhen gelegen, damit Sie nicht in voller Geschwindigkeit angefahren werden.

Auch beim Laufen müssen Sie noch Nahrung und Getränke zu sich nehmen. Statt Energieriegeln werden Sie beim Laufen auf Energiegels umsteigen, um sich nicht zu verschlucken. Seien Sie froh, dass Sie keine Bestzeit laufen wollen. So haben Sie Zeit, ein kurzes Stück zu gehen, damit Sie in Ruhe trinken können. Verschlucken Sie sich nicht, sonst müssen Sie Husten und das kann sehr viel Kraft kosten.

Kraft

Sie brauchen nicht besonders viel Muskelkraft, um einen Langdistanz-Triathlon zu schaffen. Entscheidend ist die Ausdauer.

Andererseits kann Kraft auch helfen. Eine kräftige Rumpfmuskulatur wird nicht so schnell ermüden, wie eine schwache. Bei manchen Wettkämpfen müssen Sie sich an einem Steg aus dem Wasser ziehen und brauchen dafür Kraft. Es kostet auch Kraft, den Neoprenanzug auszuziehen.

Kraft ist also nicht die wichtigste Voraussetzung, kann aber in bestimmten Situationen hilfreich sein. Kräftige Muskeln schützen auch vor Verletzungen. Sie sollten in Ihr Training eine Portion Krafttraining einbauen. Allerdings darf es auch nicht zu viel sein. Wenn Sie Ihre Muskeln auf Maximalkraft trainieren, werden sie nicht gleichzeitig ausdauernd sein können. Die Struktur eines Muskels, der maximale Kraft entwickeln kann, ist anders, als die eines Muskels, der eine geringe Leistung über eine sehr lange Zeit hinweg leistet.

Willensstärke? Motivation!

Eins ist doch wohl klar – sie brauchen Willensstärke. Vielleicht ist das auch gerade der Grund, warum Sie noch an sich zweifeln. Werden Sie die notwendige Willensstärke aufbringen?

Sie müssen sich zum Training überwinden. Jeden Tag aufs Neue. Sie müssen den „inneren Schweinehund" überwinden. Wenn Sie mitten in einem langen Training sind, müssen Sie sich überwinden weiterzumachen, obwohl Sie vielleicht keine Lust mehr haben. Die Beine werden schwer, aber Sie müssen weiterlaufen. Im Wettkampf müssen Sie sich auch überwinden. Sie müssen sich zum Beispiel überwinden, noch einen Energieriegel zu essen, obwohl das Zeug spätestens nach dem dritten Riegel nicht mehr schmeckt.

Tatsächlich ist bei Weitem nicht so viel Willensstärke notwendig, wie Sie vielleicht denken. Das wäre sicher keine gute Voraussetzung, wenn Sie sich zum Training zwingen müssten. Wenn Sie keine Lust dazu hätten. Sie benötigen keine übernatürliche Willensstärke. Sie benötigen eine Motivation. Wenn

Sie hoch motiviert sind, wird es Ihnen leicht fallen, sich zu überwinden, wenn es schwer wird.

Für eine gute Motivation brauchen Sie zunächst einmal ein Ziel. Das Ziel muss begehrenswert sein. Es muss messbar und realistisch sein. Darüber hinaus sollte es einen Termin geben, wann Sie das Ziel erreichen wollen. Sie haben ein Ziel. Sie wollen einen Langdistanz-Triathlon schaffen. Das Ziel entspricht allen Kriterien für ein gutes Ziel. Es ist messbar: 3,86 km – 180 km – 42,195 km in weniger als 15 Stunden. Es ist realistisch: jährlich gibt es tausende Freizeitsportler, die das Ziel erreichen. Es gibt einen Termin. Entscheiden Sie sich für einen Wettkampfort und legen Sie fest, in welchem Jahr Sie starten wollen. Dann haben Sie einen Termin.

Aber ist Ihr Ziel auch begehrenswert? So allgemein kann man das nicht sagen. Ihr Nachbar zum Beispiel findet es nicht begehrenswert. Viele Ihrer Kollegen können auch nicht verstehen, warum Sie einmal im Leben einen Langdistanz-Triathlon schaffen wollen. Aber darauf kommt es auch nicht an. Es ist nicht wichtig, ob andere Ihr Ziel begehrenswert finden. Wichtig ist einzig und allein, dass Sie es schaffen wollen.

Aber es reicht auch nicht aus, wenn Sie es einfach nur wollen. Das wird Sie eine Weile motivieren. Vielleicht schaffen Sie sogar das jahrelange harte Training, wenn Sie einfach nur wollen. Problematisch wird es erst, wenn Schwierigkeiten auftreten. Wenn Sie sich zum Beispiel verletzen oder eine Erkältung bekommen und nicht mehr wie gewohnt weiter trainieren können, oder wenn Sie im Wettkampf einen Hungerast bekommen, müssen Sie schon etwas mehr zu bieten haben, um sich zu motivieren.

Denken Sie gut darüber nach. Sie haben jetzt noch viel Zeit, darüber nachzudenken. Manchmal ist es nicht ganz leicht, zu erkennen, was die eigenen Beweggründe sind. Ich zum Beispiel dachte jahrelang, ich müsste mir beweisen, dass ich es kann. Ich dachte, ich will einen Langdistanz-Triathlon schaffen, um mich selbst zu verwirklichen. Das waren aber leider nur schwache Motive für mich. Ich brauchte viele Jahre, um herauszufinden, was mich an der Sache reizt. Bei mir ist es das Abenteuer. Ich wollte das Ungewöhnliche erleben, bei einem der letzten großen Abenteuer unserer Zeit. Jedes Training war ein kleines Abenteuer für mich und der Langdistanz-Triathlon ein ganz großes.

Es war wichtig für mich, herauszufinden, was mich antreibt. Wenn ich am Wochenende keine Lust auf ein langes und langweiliges Radtraining hatte, habe ich das Rennrad stehen lassen. Ich bin mit dem Mountainbike von Strausberg an die Oder gefahren, auf einem Fernradweg, den ich noch nicht kannte. Bei einem anderen langen Training bin ich mit dem Mountainbike den Mauerweg entlanggefahren, dort, wo die Berliner Mauer stand. In Berlin-Mitte habe ich das Rad stehen lassen und bin weitergelaufen, immer an der ehemaligen Mauer entlang, durch Stadtteile, die ich noch nicht kannte. Ich habe mir kleine Abenteuer organisiert, um mich zu motivieren.

Sie kennen Ihre Motivation? Auch dann kann es noch zu Momenten kommen, wo Sie einfach keine Lust mehr haben, wo Sie nicht mehr weiter können. Brauchen Sie jetzt Willensstärke? Nein, ganz sicher nicht. Wenn Sie im Training einmal nicht mehr weiter können, dann hat das sicher gute Gründe. Es liegt ganz sicher nicht an der fehlenden Willensstärke. Vielleicht haben Sie ganz einfach eine schlechte Tagesform, oder tragen eine Erkältung mit sich herum. Dann ist es vielleicht ganz gut, wenn Sie sich nicht überwinden.

Wenn es mal wirklich nicht weitergehen sollte – quälen Sie sich nicht! Es ist ja nur Training. Beim nächsten Mal läuft es bestimmt besser. Es soll ja auch Spaß machen. Schließlich trainieren Sie freiwillig. Niemand zwingt Sie dazu. Also sehen Sie es locker. Akzeptieren Sie Niederlagen. Sicher können Sie etwas daraus lernen. Vielleicht sollten Sie die unwichtigen Trainingseinheiten reduzieren und sich auf die wichtigen Einheiten konzentrieren. Vielleicht fehlt Ihnen etwas mehr Schlaf zur Erholung, oder Sie waren mal wieder zu schnell unterwegs. Sie sollten sich an die Pulsbereiche halten. In Ihrem Training geht es nicht darum, schnell zu sein. Es geht darum, die Ausdauer zu steigern.

Erfahrung
Sie brauchen Erfahrung: Trainingserfahrung und Wettkampferfahrung. Wenn Sie bis jetzt noch unerfahren sind, sollten Sie sich keine Sorgen darum machen. Nehmen Sie sich zwei Jahre Zeit. Trainieren Sie und nehmen Sie an einem Wettkampf teil. Wenn Sie dann beim Langdistanz-Triathlon an den Start gehen, werden Sie genug Erfahrung haben.

Zusätzlich können Sie von den Erfahrungen anderer profitieren. Nehmen Sie zum Beispiel meine Erfahrung. Lesen Sie dieses Buch, dann wissen Sie schon eine ganze Menge darüber, wie es geht. Kaufen Sie sich weitere Bücher, aber seien Sie nicht enttäuscht, die meisten Pläne sind nicht so praktisch wie meiner. Lassen Sie sich nicht verunsichern. Meist wird ein sehr umfangreiches und kompliziertes Training empfohlen. Das ist auch richtig, wenn Sie Ihre Bestzeit verbessern wollen und wenn Sie außer dem Sport kaum Verpflichtungen haben. Wenn Sie es einfach nur einmal im Leben schaffen wollen – müssen Sie es nicht so kompliziert machen.

Sport, Familie und Beruf
Wie Sie das Gleichgewicht halten
Das ist ein schwieriger Punkt. Wenn Sie Ihre Motivation gefunden haben und Ihr Ziel fest steht, wird sich der Sport von ganz allein in Ihrem Leben ausbreiten. Sie werden große Teile Ihrer freien Zeit damit verbringen zu trainieren. Das Training wird in Wahrheit gar nicht so viel Zeit einnehmen, aber es wird regel-

mäßig sein. Sie werden Ihre Woche verplanen und auch Ihre Wochenenden. Weil Sie jeden Tag ein Stück dazu beitragen, Ihr Ziel zu erreichen, wird es so aussehen, als ob Sie fast nichts anderes mehr machen würden.

Der Sport wird aber nicht nur Ihre Zeit einnehmen, er wird Sie auch sonst verändern. Sie werden Ihr nächstes Auto danach aussuchen, ob Sie ein Fahrrad damit transportieren können. Plötzlich können Sie nicht mehr verstehen, warum Sie nicht schon immer einen Kombi haben wollten. Sie werden Ihre Ernährung umstellen. Wenn man Ihnen etwas Gutes tun will, braucht man Ihnen keinen fetten Braten mehr zu servieren. Wenn Sie bisher auf Schweinebraten standen, wird es eine Weile dauern, bis sich Ihr Partner daran gewöhnt hat, dass Sie jetzt gerne Seefisch essen.

Auf der Arbeit haben Sie die Wahl: Entweder Sie reden offen darüber, was Sie vorhaben, oder Sie reden möglichst gar nicht davon. Wie Sie sich entscheiden sollten, hängt vom Arbeitsklima ab. Haben Sie eine offene Atmosphäre in der man über alles reden kann und bestehen keine Zweifel an Ihrer Leistungsfähigkeit, dann können Sie jedem davon erzählen, der es hören will. Vielleicht steigert das sogar Ihr Ansehen unter den Kollegen und bei Ihrem Chef, weil Sie auch sportlich mehr leisten als andere.

Bestehen allerdings Zweifel an Ihrer Arbeit und sieht man kritisch auf die Zahl der Überstunden, die Sie bringen, oder hatten Sie viele Krankheitstage, dann sollten Sie sich überlegen, ob Sie offen darüber sprechen wollen, dass Sie jetzt sechs mal die Woche trainieren, um an einem Langdistanz-Triathlon teilzunehmen. Wenn Sie jetzt morgens müde zur Arbeit kommen, Ihre Überstunden reduzieren oder einfach einmal mit einer Grippe zu Hause bleiben müssen, dann wird man das schnell in Zusammenhang mit Ihrem sportlichen Engagement bringen.

Egal, wie Sie sich entscheiden, seien Sie auf der Hut, dass Ihre Arbeitsergebnisse nicht unter Ihrem Training leiden. Nehmen Sie Ihr neues sportliches Ziel zum Anlass, einmal über Ihre Arbeitsorganisation nachzudenken. Beschäftigen Sie sich vielleicht viel zu oft mit dringlichen aber unwichtigen Routineaufgaben? Nehmen Sie sich mehr Zeit für die wichtigen Aufgaben. Delegieren Sie Dringliches, wenn es nicht wichtig ist. Aufgaben, die weder dringlich noch wichtig sind, vermeiden Sie ganz. Lassen Sie sich nicht so oft ablenken. Leiten Sie das Telefon um und lesen Sie Ihre E-Mails nur zweimal am Tag statt jede Stunde einmal. Wenn Sie bisher extensiv Überstunden gemacht haben, wird es jetzt Zeit, intensiver zu arbeiten, um die tägliche Zeit fürs Training frei zu bekommen.

Wenn es in Ihrer Firma eine ausgeprägte Überstundenkultur gibt, dann kommen Sie einfach morgens später zur Arbeit. Trainieren Sie vor der Arbeit. Das Wichtigste ist, dass Sie spät gehen, das fällt allen auf, die vor Ihnen gehen. Dass Sie spät kommen wird weniger auffallen. Niemand, der vor Ihnen geht, weiß, wie lange Sie tatsächlich bleiben. Wenn es möglich ist, nutzen Sie die Mittagspause zum Training. Machen Sie mittags ein ausgiebiges Training, wird das kaum auffallen und Sie können abends noch länger bleiben. Trainiert haben Sie ja schon. Suchen Sie sich ein Fitnessstudio in der Nähe Ihrer Arbeit. Bei schönem Wetter können Sie draußen laufen und gehen danach im Fitnessstudio duschen. Bei schlechtem Wetter gehen Sie aufs Laufband.

Nicht, dass Sie mich falsch verstehen. Sie sollen nicht weniger arbeiten, Sie sollen genauso viel arbeiten wie vorher. Besser sogar noch mehr als vorher – nur in kürzerer Zeit. Wenn Ihre Arbeit mit Kreativität verbunden ist oder auf eine andere Weise geistig anstrengend, dann werden Sie sogar davon profitieren, wenn Sie zwischendurch etwas laufen gehen. Abseits von Ihrem Schreibtisch haben Sie dann Zeit, in Ruhe nachzudenken. Sie kennen das sicher, die besten Ideen kommen einem, wenn man eine Pause macht und sicher nicht dann, wenn man auf ein leeres Blatt Papier oder einen leeren Bildschirm starrt und ab und zu das Telefon klingelt.

Auf der Arbeit können Sie entscheiden, ob Sie offen über Ihr neues Hobby reden, oder nicht. Zu Hause haben Sie keine Wahl, hier müssen Sie offen sein und hier sollten Sie offen sein. So offen, wie möglich. Sie brauchen die volle Unterstützung durch Ihre Familie. Wenn Ihr Partner nicht hinter Ihnen steht, wird es schwer, vielleicht sogar unmöglich. Sie werden keine Lust haben, zu trainieren, wenn Sie deswegen immer wieder Streit mit Ihrem Partner bekommen. Was für eine Motivation ist schon Selbstverwirklichung oder Abenteuerlust, wenn darunter die Partnerschaft leidet?

Weihen Sie also Ihre Familie ein. Sagen Sie, was Sie vorhaben. Lassen Sie Ihrem Partner Zeit. Es dauert sicher etwas, bis er oder sie begreift, was Sie da vorhaben. Und es dauert noch etwas länger, bis er oder sie sich damit anfreunden kann. Bitten Sie um Unterstützung. Erklären Sie die Einzelheiten. Was genau haben Sie vor, wie oft werden Sie trainieren? Planen Sie Ihre Trainingswoche mit einer Pinnwand. Hängen Sie die Pinnwand irgendwo auf, wo sie jeder sehen kann. An der Pinnwand sollte erkennbar sein, ob eine Trainingswoche besonders umfangreich ist, oder ob es sich um eine Regenerationswoche handelt. Ihr Partner wird das sicher bei der Wochenendplanung berücksichtigen.

Wenn Sie die Woche planen, nehmen Sie Rücksicht auf Ihren Partner. Wenn es gemeinsame Verpflichtungen gibt, z.B. die Kinder zur Schule zu bringen oder vom Sport abzuholen oder den Wochenendeinkauf, dann sollten Sie so planen, dass sie weiterhin einen Teil dieser Verpflichtungen wahrnehmen können. Sprechen Sie sich mit Ihrem Partner ab und verteilen Sie diese Aufgaben. Vielleicht können Sie sogar noch mehr

Aufgaben übernehmen, um zu zeigen, dass Ihre sportlichen Ziele nicht auf Kosten der Familie gehen.

Wenn Sie keine kleinen Kinder haben, können Sie Ihre umfangreichen Trainingseinheit auf die Tage legen, an denen Ihr Partner Sie nicht vermisst. Ist er oder sie beim Malkurs in der Volkshochschule oder bei der Chorprobe oder beim Sport, dann können auch Sie trainieren.

Auch wenn das Training tatsächlich gar nicht so viel Zeit verbraucht, wird es so aussehen, als ob Sie ganz viel Zeit damit verbringen. Das hat auch einen psychologischen Effekt. Seien Sie auf der Hut. Wenn Ihr Partner darüber klagt, dass Sie zu viel trainieren, dann heißt das nicht unbedingt, dass Sie mehr Zeit mit ihm oder ihr verbringen sollen. Wenden Sie Ihrem Partner mehr Aufmerksamkeit zu, nicht nur einfach mehr Zeit.

Trainieren Sie vor der Arbeit, während der Mittagspause oder direkt nach der Arbeit. Vermeiden Sie es, von der Arbeit nach Hause zu kommen und dann noch einmal trainieren zu gehen. Dann fällt es am meisten auf.

Am Wochenende wird der Konflikt zwischen Familie und Sport am größten sein. Wenn Sie Ihre Ausdauer steigern wollen, müssen Sie lange Einheiten trainieren. Jede Woche werden Sie einen langen Lauf und eine lange Radfahrt machen. Normalerweise werden Sie keine Möglichkeit haben, diese beiden langen Einheit in der Arbeitswoche unterzubringen. Also müssen Sie am Wochenende geplant werden. Am Sonnabend die lange Radfahrt und am Sonntag der lange Lauf.

Sie können ganz früh trainieren. Wenn Sie am Wochenende ganz früh aufstehen und trainieren, dann sind Sie spätestens mittags wieder zurück und der halbe Tag steht noch für die Familie zur Verfügung. Stellen Sie sich den Wecker und werden Sie Frühaufsteher. Aber seien Sie vorsichtig, der Trick geht nicht immer gut. Wenn es für Ihren Partner besonders wichtig ist, mit Ihnen zusammen aufzuwachen und ausgiebig zu frühstücken, dann wird er Sie vermissen. Dann ist es vielleicht klüger, das Training auf den Nachmittag zu verlegen. Genießen Sie das gemeinsame Frühstück. Wenn sich Ihre Lieben kurz vor Mittag nacheinander für Stunden ins Bad begeben, gehen Sie trainieren. Am späten Nachmittag sind Sie dann wieder da und können sich zu den anderen in den Garten setzen oder gemeinsam etwas unternehmen.

Seien Sie flexibel. Setzen Sie Ihr Training nicht an die erste Stelle. An erster Stelle steht ein gelungenes Wochenende. Planen Sie Ihr Training um die übrigen Aktivitäten herum. Wenn es ganz hart kommt, verlegen Sie eine der langen Einheiten in die Woche. Im Sommer kann man auch bis in die späten Abendstunden hinein noch gut trainieren. Bei Hitze ist das sogar besser, als am Tage.

Seien Sie kreativ. Nehmen Sie Ihre Laufschuhe mit zum Wochenendausflug. Lassen Sie sich auf der Heimfahrt ein paar Kilometer vor dem Ziel absetzen und laufen Sie nach Hause. Wenn Sie gemeinsam Freunde oder Verwandte besuchen, nehmen Sie das Rennrad mit. Fahren Sie mit dem Rad nach Hause und Sie haben Ihr langes Radtraining. Machen Sie im Sommer einen Ausflug an den See, so kommen Sie zu einem Schwimmtraining im offenen Wasser.

Beziehen Sie Ihren Partner mit ein. Wenn Sie laufen gehen, bitten Sie ihren Partner, Sie auf dem Rad zu begleiten. Das geht auch mit Kindern. Wenn Sie Zeit mit einem Ihrer Kinder verbringen, dann wird Ihnen das keiner übel nehmen. Laufen Sie und lassen Sie Ihr Kind mit dem Rad nebenher fahren. Laufen Sie zu einem See und gehen Sie gemeinsam baden. So kommen Sie noch zu einem kleinen Schwimmtraining. Nutzen Sie die gemeinsame Zeit und sprechen Sie miteinander.

Beziehen Sie Ihre Familie auch beim Wettkampf mit ein. Was wäre ein Zieleinlauf ohne Fans? Bieten Sie Ihren Lieben etwas. Suchen Sie attraktive Wettkampforte aus und buchen Sie ein gutes Hotel mit Wellness-Bereich. Reisen Sie früher an oder bleiben Sie länger als notwendig. Die Sauna können Sie selbst auch gut gebrauchen, um sich einen Tag nach dem Wettkampf zu entspannen. Eine Massage am Tag danach kann auch Wunder wirken.

Wenn Sie sich intensiv mit dem Sport beschäftigen, bleibt es nicht aus, dass Sie auch viel darüber sprechen wollen. Wem sollen Sie es sonst mitteilen, außer Ihrem Partner. Seien Sie vorsichtig. Wenn Sie von nichts anderem mehr sprechen, kann das langweilig werden. Suchen Sie sich lieber Gleichgesinnte, mit den Sie sich über Ihren Sport austauschen können.

Ausrüstung

Als Triathlet benötigen Sie eine Menge Ausrüstung. Das macht diesen Sport zu einem teuren Sport. Sehen Sie es positiv. Sie können sich eine paar schicke Dinge kaufen, wie zum Beispiel ein Rennrad, einen Neoprenanzug und High-Tech-Laufschuhe und Sie müssen kein schlechtes Gewissen dabei haben, denn Sie brauchen die Sachen tatsächlich, denn Sie haben ja ein Ziel vor Augen.

Trainingssteuerung mit der Pulsuhr
Sie benötigen eine Pulsuhr. Kein Weg führt daran vorbei. Ich mache es mir mit dieser Forderung nicht leicht. Ich musste mich selbst erst mühsam damit abfinden, aber es geht nicht ohne Pulsuhr. Wenn Sie gezielt trainieren wollen, ist eine Pulsuhr der sicherste Weg, die richtige Trainingsintensität zu finden. Es wäre doch schade, wenn Sie monatelang trainieren und Ihre Grundlagenausdauer trotzdem nicht verbessern, nur weil Sie die ganze Zeit im falschen Trainingsbereich unterwegs sind.

Wenn Sie bisher noch nicht mit einer Pulsuhr trainiert haben, wissen Sie vielleicht noch nicht, warum ich es mir mit dieser Empfehlung so schwer mache. Zunächst einmal ist da der Brustgurt. Es gibt leider noch keine verlässlich funktionierenden Pulsuhren ohne Brustgurt. Der Brustgurt wird knapp unter der Brust getragen und nimmt Ihren Puls über Elektroden EKG-genau ab. Leider nimmt er einem etwas von der Freiheit, die man ohne ihn hat. Wenn Sie eine Frau sind, wird Ihnen das Gefühl vielleicht nicht ganz so fremd sein, aber für Männer ist es etwas ungewohnt etwas stramm um die Brust zu tragen, das einen etwas einengt. Daran kann man sich aber gewöhnen. Man muss den Gurt so locker wie möglich einstellen – so, dass er gerade noch funktioniert und nicht nach unten rutscht.

Pulsuhren nehmen einem aber auch die Freiheit, so schnell zu laufen oder so schnell Rad zu fahren, wie man eben möchte. Man kann nicht mehr einfach nach Gefühl trainieren. Wenn man nach Gefühl trainiert, ist man meist zu schnell, der Puls ist zu hoch. Langsam zu laufen, kann mühsam sein, wenn man seinen Rhythmus verliert. Läuft man zu schnell, piepst die Pulsuhr.

Aber es hat keinen Sinn, sich darum zu drücken. Wenn man effektiv trainieren will, braucht man eine Pulsuhr. Ich empfehle Ihnen eine Markenuhr zu kaufen. Nehmen Sie kein Angebot vom Discounter oder aus dem Bonusprogramm Ihrer Tankstelle. Schauen Sie sich beim Marktführer Polar um. Nichts ist nerviger, als eine unzuverlässige Pulsuhr. Der Brustgurt einer Marken-Pulsuhr funktioniert auch mit dem Laufband oder dem Radergometer in Ihrem Fitnessstudio. Die Geräte zeigen dann den Puls an oder regeln selbständig Geschwindigkeit und Widerstand. Eine schicke Pulsuhr hat zudem den Vorteil, dass man Sie auch außerhalb des Trainings als normale Armbanduhr tragen kann. Das ist dann auch gleich das richtige Statussymbol und Erkennungszeichen für Eingeweihte: „Ah – du trägst eine Pulsuhr, läufst du? Ich auch!"

Nehmen Sie eine Pulsuhr für Läufer. Die passt besser zu ihrem Training als eine Pulsuhr für Fitnesssportler. Sie können das Einsteigermodell nehmen. Sie brauchen keinen GPS-Empfänger und auch keinen Sensor, den Sie am Schuh befestigen können. Es ist egal, wie weit Sie laufen, Sie werden zeit- und pulsgesteuert trainieren.

Wenn Sie es sich leisten können und Spaß daran haben, dann greifen Sie zur Pulsuhr für Triathleten mit Lauf- und Radfunktionen. So eine Uhr brauchen Sie aber eigentlich nicht. Die Radfunktionen die Sie brauchen, liefert auch ein billiger Fahrradcomputer und die Pulsuhr können Sie mit einer Fahrradhalterung am Lenker befestigen. Am besten eignet sich dazu eine universelle Fahrradhalterung für Armbanduhren. Sie besteht aus einem Gummiblock, der auf die Lenkstange geklemmt werden kann. Die Uhr schnallt man dann auf den

Block, so wie man sie am Handgelenk festmachen würde. Diese Halterung ist vermutlich besser als die, die es extra für Ihre Pulsuhr zu kaufen gibt und günstiger ist sie auch noch. Suchen Sie im Internet danach.

Profisportler ermitteln die Pulsfrequenzen für die verschiedenen Trainingsbereiche mit einem Laktatstufentest. Bei diesem Test wird dem Sportler bei steigender Belastung etwas Blut abgenommen, um den Laktatgehalt zu untersuchen. Dieser Test kann zusätzlich um eine Untersuchung der Atemluft ergänzt werden. In letzter Zeit hat sich dieser Test auch immer mehr bei Freizeitsportlern durchgesetzt.

Bevor sich der Laktatstufentest durchsetzte, gab es andere Tests, wie zum Beispiel den Corconi-Test. Auch hier wird der Athlet einer sich steigernden Belastung ausgesetzt. Anhand eines Leistungsknicks versucht man bei diesem Test die anaerobe Schwelle herauszufinden. Das ist die Stelle im Leistungsverlauf, wo der Übergang von Sauerstoffüberschuss zu Sauerstoffmangel stattfindet.

Für unseren Zweck halte ich diese Tests für übertrieben. Die Tests kosten einiges Geld und müssen mit fortschreitendem Trainingszustand wiederholt werden. Ich empfehle Ihnen, Ihre Trainingsbereiche anhand des Maximalpulses zu ermitteln. Manche Pulsuhren haben eine Funktion, mit der sie den Maximalpuls schätzen und daraus die Trainingszonen berechnen. Dabei soll die Tagesform berücksichtigt werden. Sie sollten diese Funktion nicht zur Trainingssteuerung nutzen, es ist zu verwirrend, wenn Sie von Ihrer Uhr jeden Tag anders beurteilt werden.

Wie ermitteln Sie nun aber Ihren Maximalpuls? Sie haben vielleicht schon einmal von einer Faustformel gehört, nach der man den Maximalpuls anhand des Alters errechnen kann. Auch das kann ich Ihnen nicht empfehlen. Diese Faustformel trifft vielleicht im Durchschnitt auf die Menschen Ihres Alters zu.

Sie brauchen aber Ihren eigenen Wert und keinen Durchschnittswert.

Es ist eigentlich ganz einfach, den Maximalpuls zu ermitteln. Nehmen Sie Ihre Pulsuhr und gehen Sie auf eine Laufstrecke über 10 km. Am Besten suchen Sie sich einen Sportplatz, wo Sie Runden laufen können, dann können Sie Geschwindigkeit und Strecke ganz genau kontrollieren. Laufen Sie sich erst ein paar Runden ein und versuchen Sie dann eine neue persönliche Bestleistung über 10 km zu erreichen. Laufen Sie gleichmäßig. Wenn Sie nicht so genau wissen, wie schnell Sie über 10 km sind, dann beginnen Sie erst etwas langsamer und steigern Sie die Geschwindigkeit zum Ende hin. Auf der letzten Runde geben Sie noch einmal so richtig Gas. Messen Sie Ihren Puls kurz nach dem Zielstrich. Manchmal geht der Puls kurz nach der Belastung noch etwas höher als während der Belastung. Herzlichen Glückwunsch, Sie haben Ihren Maximalpuls ermittelt!

Bevor Sie Ihren Maximalpuls ermitteln, sollten Sie sich ärztlich untersuchen lassen. Außerdem sollten Sie gesund sein. Wenn Sie eine Erkältung haben, verzichten Sie bitte auf eine hohe Belastung und warten Sie noch etwas mit der Ermittlung Ihres Maximalpulses.

Aus dem Maximalpuls können Sie die Trainingsbereiche ermitteln. Berechnen Sie die Pulswerte und schreiben Sie sich die Werte auf. Wenn Ihre Pulsuhr die Eingabe von Prozentwerten erlaubt, müssen Sie nicht selbst rechnen.

Beim Radfahren sind die Pulswerte niedriger. Beim Laufen werden mehr Muskeln beansprucht, als beim Radfahren, hier ist das Herz-Kreislauf-System stärker gefordert. Wenn man mit derselben Intensität Rad fährt, führt das zur vorzeitigen Ermüdung der Beinmuskulatur.

Trainingsbereich	Laufen	Radfahren
Regeneration	< 65% Hfmax	< 60% Hfmax
GA1	65 - 75% Hfmax	60 - 70% Hfmax
GA2	75 - 85% Hfmax	70 - 80% Hfmax
Steigerungen	bis zu 95% Hfmax	bis zu 90% Hfmax

Tabelle 1: Pulsbereiche

Alle Trainingsbereiche sind prozentual zur maximalen Herzfrequenz angegeben (Hfmax). Der untere Bereich ist für regeneratives Training vorgesehen. GA1 und GA2 stehen für die Grundlagenausdauerbereiche Eins und Zwei. Darüber hinaus gibt es noch weitere Trainingsbereiche. Für Ihren unkomplizierten Weg zum Langdistanz-Triathlon sind diese aber nicht relevant. In einige Trainingseinheiten werden Sie kurze Steigerungen einbauen. Ohne die Steigerungen büßen Sie durch das monotone Ausdauertraining etwas von Ihrer ursprünglichen Schnelligkeit ein und das wäre doch schade.

Schwimmen

Zum Schwimmen benötigen Sie eine Badehose, wenn Sie ein Mann sind. Als Frau sollten Sie sich einen Badeanzug zulegen. Sie sollten ein sportliches Modell wählen. Es ist so ziemlich egal, ob gerade breite oder schmale Badehosen modern sind, Sie müssen sich nicht nach der Mode richten. Wichtig ist, dass Sie Sportbekleidung kaufen und keine Bademode.

Kaufen Sie sich auch gleich eine Schwimmbrille. Sie können nicht richtig Kraulschwimmen, wenn Ihnen das Wasser durchs Auge läuft. Bei der Schwimmbrille empfehle ich Ihnen ein Modell mit einem breiten weichen Rahmen aus Silikon, z.B. die Kaiman von Aquasphere. Wenn Sie stark fehlsichtig sind, können Sie ein Modell mit Korrekturgläsern erwerben. Ein Beispiel ist das Modell Eagle Optics von Aquasphere.

Es gibt auch spezielle Schwimmbrillen für Langstreckenschwimmer und Triathleten. Die entsprechenden Modelle von Aquasphere heißen Seal. Diese Brillen sind fast so groß wie Tauchermasken, haben aber einen geringen Wasserwiderstand und sollen besonders dicht sein. Prüfen Sie bei dieser Art Brille die Passform, bevor Sie sie kaufen. Durch den breiten Rahmen sind sie nicht so flexibel wie die traditionellen Modelle und passen nicht jedem.

Beim Kauf der Schwimmbrille müssen Sie sich entscheiden, ob Sie ein getöntes Modell haben möchten oder eines ohne Tönung. Kaufen Sie am besten beide Modelle. Sie können dann je nach Wetterbedingung die richtige Variante auswählen und haben auch immer eine Ersatzbrille dabei. Stellen Sie sich vor, Ihr Brillenband reißt kurz vor dem Wettkampf. Dann ist es gut, wenn Sie eine Ersatzbrille dabei haben. Wenn Sie Wert auf Ihr Aussehen legen, greifen Sie zu einem getönten oder verspiegelten Modell. Bei dem klaren Modell sehen Sie eventuell etwas entstellt aus, zumindest ist es bei mir so.

Die wichtigste Ausrüstung fürs Training haben Sie jetzt zusammen. Für den Wettkampf brauchen Sie zusätzlich einen Neoprenanzug. Er schützt Sie in erster Linie vor Unterkühlung bei kaltem Wasser. Bei besonders tiefen Wassertemperaturen kann der Veranstalter die Strecke auch verkürzen oder das Schwimmen entfällt ganz. Wenn das Wasser sehr warm ist, kann der Veranstalter ein Neoprenverbot aussprechen, damit sich niemand überhitzt.

Neben der Schutzfunktion verbessert der Neoprenanzug Ihre Schwimmzeiten ganz erheblich. Die Oberfläche des Anzugs ist darauf optimiert, den Wasserwiderstand zu verringern. Das Material ist leichter als Wasser und verbessert dadurch Ihren Auftrieb. Mit dem besseren Auftrieb haben Sie automatisch eine bessere Wasserlage und müssen nicht so viel Körperspannung aufbringen und nicht so viel Beinarbeit leisten. Wenn Ihr

Kraulstil noch nicht perfekt ist, werden Sie damit kaum Probleme haben, wenn Sie einen Neoprenanzug tragen.

Sparen Sie nicht am Neoprenanzug, sparen Sie lieber an anderer Stelle. Mein erster Neopren war ein Allzweckanzug zum Surfen, Tauchen und eben auch zum Schwimmen. Die Mitteldistanz konnte ich damit noch ohne Probleme schwimmen, aber bei der Langdistanz im Salzwasser habe ich mir an mehreren Stellen die Haut aufgescheuert. Am heftigsten war die Wunde, die ich am Hals hatte. Die Wunden haben ordentlich gebrannt und sicher auch einen Teil dazu beigetragen, dass ich am Ende nicht ins Ziel kam. Die Narben waren noch jahrelang sichtbar.

Nach dieser schlechten Erfahrung habe ich mir einen Neoprenanzug gekauft, der speziell für Triathleten konstruiert ist. Aber auch hier habe ich wieder gespart und zum Einsteigermodell gegriffen. Es gibt auch an dieser Stelle Gründe, die dagegen sprechen. Zunächst einmal müssen Sie sich auf ein paar wenige günstige Modelle festlegen. Wenn diese dann vom Schnitt her nicht zu Ihrer Körperform passen, werden Sie nie ganz glücklich damit. Der entscheidende Grund, der gegen ein Einsteigermodell spricht, ist aber das verwendete Material. Teurere Modelle verwenden wesentlich flexibleres Neopren als die billigen Einsteigermodelle. Je flexibler das Neopren ist, desto einfacher können Sie den Anzug anziehen und desto wohler werden Sie sich darin fühlen. Wenn Sie bei jedem Armzug gegen den Anzug ankämpfen müssen, werden Sie schnell ermüden.

Wenn Sie die Möglichkeit haben, sollten Sie Ihren Anzug in einem Geschäft kaufen, wo Sie mehrere Modelle anprobieren können und gut beraten werden. Achten Sie nicht in erster Linie auf den Preis. Achten Sie darauf, dass Sie den Anzug relativ stressfrei anziehen können und dass er eine gute Bewegungsfreiheit bietet.

Richtig beurteilen können Sie einen Anzug erst im Wasser. Fragen Sie Ihren Händler, ob er ein Probeschwimmen anbietet. Manche Händler bieten regelmäßig Probeschwimmen an, bei denen man verschiedene Modelle gegeneinander testen kann.

Wenn Sie Ihren Anzug im Internet kaufen wollen, dann suchen Sie nicht nach dem billigsten Angebot bei ebay. Gehen Sie sicher, dass Sie den Anzug problemlos zurückgeben können, wenn er Ihnen nicht passt. Bei der Anprobe müssen Sie vorsichtig sein. Wenn Sie den Anzug mit den Fingernägeln beschädigen, können Sie Ihn nicht mehr zurückgeben.

Bei den meisten Wettkämpfen bekommen Sie vom Veranstalter eine Badekappe. Die Kappe dient oft dazu, die verschiedenen Startergruppen farblich zu unterscheiden. Durch die Kappe sind Sie außerdem besser im Wasser zu sehen. Meist wird die Kappe mit Ihrer Startnummer beschriftet. Für das Training benötigen Sie eigentlich keine Badekappe. Wenn Sie aber in einem Gewässer trainieren wollen, wo auch Segelboote, Windsurfer und Motorboote unterwegs sind, dann sollten Sie sich dafür eine signalfarbene Kappe zulegen.

Wenn Sie die notwendige Ausrüstung zusammen haben, fehlt Ihnen nur noch das Wasser. In unseren Breitengraden sind Sie die größte Zeit des Jahres auf eine Schwimmhalle angewiesen. Suchen Sie sich ein oder zwei Schwimmhallen in der Nähe. Ideal ist es, wenn die Halle auf Ihrem Arbeitsweg liegt oder wenigstens in der Nähe Ihrer Wohnung oder Ihres Arbeitsplatzes.

Wann Sie schwimmen gehen können, das hängt von den Öffnungszeiten ab und davon, wann es voll ist und wann nicht. Bei mir in Berlin bieten die Schwimmhallen einen vergünstigten Tarif an, wenn man sehr früh oder besonders spät kommt. Zu diesen Zeiten ist es aber leider so voll in der Schwimmhalle, dass man kaum richtig trainieren kann. Versuchen Sie zu unterschiedlichen Tagen und zu unterschiedlichen Zeiten zu kommen. Finden Sie so heraus, wann es leer genug ist, damit Sie Ihren eigenen Schwimmrhythmus finden können. Fragen Sie zum Beispiel den Bademeister, wann es besonders leer ist.

Im Sommer suchen Sie sich einen See in Ihrer Nähe. Für Ihr Training ist es wichtig, dass Sie Erfahrung mit dem offenen Wasser haben. Wenn Sie keine Kacheln unter sich sehen, müssen Sie lernen, auch ohne Sicht zum Boden geradeaus zu schwimmen. Das ist beim Kraulschwimmen gar nicht so einfach, weil man die meiste Zeit nach unten blickt. Außerdem müssen Sie lernen, sich im offenen Wasser zu orientieren und beim Einatmen ab und zu den Kopf zu heben, um zu sehen, ob Sie noch auf Kurs sind. Viele Menschen haben Angst, mitten über einen offenen See zu schwimmen. Sie müssen lernen, mit dieser Angst umzugehen. Gewöhnen Sie sich ans offene Wasser. Das Schwimmen im See hat noch einen Vorteil: Wenn Sie im See schwimmen gehen können, ohne Eintritt zahlen zu müssen, dann können Sie im Sommer etwas sparen, indem Sie auf die Schwimmhalle verzichten.

Das ist im Wesentlichen alles, was Sie für die erste Disziplin brauchen. Es gibt natürlich noch eine ganze Menge Dinge, die man für das Schwimmtraining benutzen kann, zum Beispiel Kurzflossen, Pull-Buoys und Paddel für die Hände. Sie werden aber auch ohne diese Dinge auskommen.

Wenn Sie nicht damit klarkommen, dass Ihnen beim Kraul Wasser in die Nase läuft, dann schaffen Sie sich eine Nasenklammer an. Am Anfang werden Sie sich kurz daran gewöhnen müssen, nur noch durch den Mund zu atmen, das geht aber schnell und ist allemal besser, als nach dem Schwimmen stundenlang verschnupft zu sein.

Bei besonders kaltem Wasser können Sie die Badekappe etwas über die Ohren ziehen, damit Ihnen kein Wasser in die Ohren läuft. Das kalte Wasser kann Ihren Gleichgewichtssinn durcheinanderbringen. Sie merken das, sobald Sie wieder an

Land sind und nicht mehr gerade laufen können. Noch besser schützen spezielle Ohrenstöpsel.

Wenn Ihre Schwimmbrille etwas älter ist, wird die Antibeschlagbeschichtung nachlassen. Sie können dann mit einem Antibeschlagmittel nachhelfen, dass Sie vor dem Schwimmen in die Brille reiben. Alternativ dazu können Sie auch Speichel verwenden, der Effekt ist der selbe.

Radfahren
Bei der zweiten Disziplin im Triathlon müssen Sie am meisten Geld ausgeben. Sie benötigen ein Rennrad. Ohne Rennrad geht es nicht. Machen Sie sich keine Hoffnungen, es ist zwecklos, Sie können die 180 km nicht auf dem Trekkingrad zurücklegen, zumindest hat es keinen Sinn, es zu versuchen. Nur ein Rennrad hat einen so geringen Luft- und Rollwiderstand, dass Sie am Ende der Strecke noch genügend Kraft für den Marathon übrig haben.

Neben den normalen Straßenrennrädern gibt es auch spezielle Zeitfahrmaschinen. Diese sind jedoch noch teurer und die extrem aerodynamische Sitzposition ist für einen Freizeitsportler kaum geeignet.

Eine andere Alternative sind sogenannte Fitnessräder, das sind im Prinzip normale Rennräder, nur mit einem geraden Lenker, wie an einem Mountainbike. Ein Fitnessrad kann etwas preiswerter sein, als ein „richtiges" Rennrad. Wenn Sie sich für ein Fitnessrad entscheiden, achten Sie aber auf jeden Fall darauf, dass es schmale Reifen hat und auch sonst aus Rennradkomponenten aufgebaut ist. Die Schaltung und die Bremsen sollten also zu einem Rennrad passen und nicht aus dem Mountainbike-Bereich kommen. Auf gar keinen Fall sollte es eine Federgabel haben, die hat einen zu hohen Luftwiderstand und ist zu schwer. Auf den Rennradlenker können Sie verzichten. Ein gerader Lenker ist genauso gut geeignet, da Sie ohnehin einen speziellen Aerolenker montieren müssen.

Bei den Komponenten – also bei Schaltung, Naben und Bremsen müssen Sie nicht zum Teuersten greifen. Wenn Sie sparen müssen, dann können Sie hier sparen. Teurere Komponenten sind leichter als preiswerte. Für Ihre Zwecke kommt es nicht so sehr auf das Gewicht an. Das Gleiche gilt für den Rahmen. Wenn Sie überlegen, viel Geld für ein leichteres Rad auszugeben, dann entscheiden Sie sich lieber dafür, ein paar Kilogramm abzunehmen, das hilft Ihnen dann auch noch beim Laufen. Egal, wie teuer das Rad ist, Sie müssen immer noch selbst treten. Das Wichtigste an dem Rad ist, dass es zu Ihrer Körpergröße passt und zuverlässig ist. Wenn Ihr Rad mit einer Panne ausfällt, dann können Sie kein Langdistanz-Triathlet werden. Wenn es ein Kilo mehr wiegt, wird sich das kaum auf Ihre Zeit auswirken.

Bei der Schaltung haben Sie die Wahl, ob Sie vorn zwei oder drei Kettenblätter haben wollen. Wenn Ihre Trainings- oder Wettkampfstrecke hügelig ist oder gar längere steile Anstiege enthält, dann entscheiden Sie sich besser für drei Kettenblätter. Mit dem kleinsten Kettenblatt können Sie ohne viel Krafteinsatz bergauf fahren und Ihre Muskeln ermüden nicht so schnell. Eine Alternative zu drei Kettenblättern sind Kompaktkettenblätter, die einen ähnlichen Übersetzungsumfang bieten, aber mit nur zwei Zahnrädern auskommen.

Es gibt Rennräder mit Mantelreifen, in die ein Schlauch eingezogen wird und solche mit Schlauchreifen. Schlauchreifen sind teuer und pannenanfällig. Da viele Rennradfahrer mit Reifen unterwegs sind und einen Ersatzschlauch dabei haben, kann Ihnen zur Not jemand helfen, wenn Sie mit normalen Reifen fahren. Bei einem Schlauchreifen sind Sie auf sich allein gestellt. Ich habe schon einmal in einem Rennen jemandem mit einem Schlauch ausgeholfen. Nach ein paar Kilometern wollte ich dann dem nächsten Pechvogel helfen und wagemutig auch noch den anderen Ersatzschlauch weggeben. Der Kollege hatte aber einen defekten Schlauchreifen und so konnte ich nicht helfen. Raten Sie mal, wer nach dem Rennen überglücklich zu mir kam und sich bedankte.

Rüsten Sie Ihre Reifen mit Antiplatt aus. Das ist ein Kunststoffband, dass Sie zwischen Mantel und Schlauch einziehen. Das ist beim ersten Versuch schwierig, aber wenn Sie den Dreh heraus haben, geht es ganz leicht. Legen Sie das Laufrad flach auf den Boden, dann können Sie Reifen, Antiplatt, Schlauch und Felge am besten zusammenfügen. Das Antiplatt sorgt dafür, dass kein Nagel und keine Glasscherbe zu ihrem Schlauch vordringen kann. Bei einem Wettkampf gehen Sie auf Nummer sicher und führen Sie zusätzlich immer zwei Ersatzschläuche und einen Ersatzmantel bei sich. Es gibt für diesen Zweck faltbare Mäntel.

Sie sollten einen Fahrradcomputer montieren, um Ihre Geschwindigkeit überprüfen zu können. Ein schnurloser Computer ist praktisch, da Sie keine Kabel verlegen müssen. Die schnurlose Datenübertragung erfolgt meist störungsfrei und die Batterien im Sender halten auch eine Ewigkeit. Bei einem Fahrradcomputer mit Kabel sind Sie aber noch sicherer vor Störungen. Die wichtigsten Funktionen an Ihrem Computer sind die Durchschnitts- und die Momentangeschwindigkeit. Über diese beiden Funktionen können Sie im Rennen Ihre Rennstrategie kontrollieren. Ein einfacher Computer mit Strecke, Geschwindigkeit und Durchschnittsgeschwindigkeit reicht also vollkommen aus.

Die typische, aerodynamisch günstige Sitzposition erreichen Sie mit einem sogenannten Aero- oder Zeitfahrlenker. Sie können diesen Lenker als Aufsatz auf den Rennrad- bzw. auf den geraden Lenker montieren. Wenn Ihr Fahrradhändler damit nicht dienen kann, suchen Sie im Internet nach einem Spezialversender. Ich kann Ihnen z.B. die Firma Rose Versand empfehlen. Kaufen Sie einen soliden Aerolenker, auch hier empfehle ich Ihnen Markenware. Sie werden sehr viel Zeit in gestreckter Lage auf dem Rad verbringen. Für meine Triathlons habe ich das Modell Century von Profile Design benutzt. Für diesen Lenkeraufsatz gibt es ein Anbauteil auf dem Sie den Fahrradcomputer befestigen können. Kaufen Sie das Anbauteil am besten gleich mit dazu.

Bei der Sitzposition müssen Sie versuchen, einen guten Kompromiss zwischen geringem Luftwiderstand und einer bequemen Körperhaltung zu finden. Es nützt Ihnen wenig, wenn Sie eine sehr flache Position eingestellt haben aber nach der Hälfte der Strecke wegen Rückenschmerzen aufgeben müssen. Wenn Sie im Straßenverkehr trainieren, müssen Sie außerdem Ihren Kopf anheben, um die Straße einzusehen. Das kann auf die Dauer sehr anstrengend werden, wenn Sie zu flach sitzen.

Für eine optimale Sitzposition muss die Rahmengröße Ihres Rades zu Ihrer Körpergröße und zu Ihrer Schrittlänge passen. Lassen Sie sich beraten oder suchen Sie nach entsprechenden Tabellen im Internet. Nehmen Sie einen verstellbaren Lenkeraufsatz. Der Aufsatz, den ich Ihnen empfohlen habe, ist verstellbar. Tauschen Sie den Vorbau Ihres Rades durch einen verstellbaren Vorbau aus. Dann können Sie die Sitzposition im Training verändern und so die günstigste Position herausfinden. In der flachen Position auf dem Triathlonlenker müssen Sie Ihren Körper weit nach vorn schieben. Für den Winkel Ihrer Beine in den Hüftgelenken ist es besser, wenn Sie auch den Sattel weiter nach vorn verschieben.

Für den runden Tritt benötigen Sie Klickpedale und die dazu passenden Schuhplatten und Schuhe. Die Schuhplatten (Cleats) werden mit den Schuhen verschraubt. Mit den Platten lassen sich die Schuhe dann in die Pedale einklinken. Sie müssen den Fuß hinten nach außen drehen, um die Verbindung zu lösen.

Das Ein- und Ausklinken sollten Sie üben. In einer Gefahrensituation, oder wenn Sie einfach nur an einer Ampel anhalten wollen, müssen Sie an das Ausklinken gewöhnt sein. Der normale Reflex ist, dass man das Bein nach oben zieht. In dieser Bewegungsrichtung sitzt das Pedal aber fest am Schuh und ein Sturz ist unvermeidbar. Sie können mir glauben, nichts ist peinlicher, als wenn man an einer roten Ampel einfach umfällt, und schmerzhaft ist es auch noch.

Bei den Klickpedalen gibt es verschiedene Systeme von Pedalen, Schuhen und Platten. Die Systeme sind nur teilweise kompatibel zueinander. Sie müssen sich nicht unbedingt für ein Rennradsystem entscheiden. Ein Mountainbike-System ist ebenfalls gut zu verwenden. Systeme für Mountainbikes sind meist auch preiswerter und man kann mit den entsprechenden Schuhen zur Not auch mal ein paar Schritte gehen, das ist praktisch, wenn man das Radtraining in den Alltag einbauen will.

Noch alltagstauglicher sind Pedale, die auf der einen Seite eine Klickverbindung und auf der anderen ein normales Pedal haben. Wenn Sie Ihr Rad damit ausstatten, können Sie wahlweise mit normalen Schuhen oder mit Radschuhen fahren. Das hilft Ihnen auch im Training. Sie können mit Laufschuhen fahren, das Rad am Sportplatz abstellen und ein paar Runden laufen, ohne die Schuhe wechseln zu müssen. Der größte Nachteil dieses Systems ist der größere Luftwiderstand. Wenn Sie auf der geklickten Seite fahren, sollten Sie in Kurven vorsichtig sein, Sie haben dann nicht mehr die gleiche Bodenfreiheit wie auf der anderen Seite des Pedals. Im Zweifelsfall rollen Sie durch die Kurve und verzichten aufs Treten. Ich habe mein komplettes Training und alle Wettkämpfe mit diesen Kombipedalen bestritten und kann sie sehr empfehlen.

Sie benötigen zwei Luftpumpen. Eine Standluftpumpe und eine möglichst kleine Pumpe, die Sie am Rad montieren können. Achten Sie darauf, dass die Pumpen zu den Ventilen passen. Bei Rennrädern werden Rennradventile (Sclaverand) verwendet. Bei hochwertigen Mountainbikes neuerdings auch. Verbreiteter sind hier aber normale Autoventile. Es gibt Luftpumpen, die sich mit beiden Ventilarten verwenden lassen. Außerdem gibt es Adapter mit denen man Rennradventile an normalen Pumpen oder auch an der Tankstelle aufpumpen kann.

Für die schmalen Rennradreifen muss die Pumpe einen hohen Druck aufbringen können. Eine gute Standpumpe sollte das schaffen. Achten Sie darauf, dass die Standpumpe mit einem Manometer ausgestattet ist, damit Sie den Druck kontrollieren können. Der maximale Druck ist auf dem Reifen angegeben. Sie sollten einen möglichst hohen Druck verwenden, das reduziert den Rollwiderstand und verringert die Pannengefahr.

Bei der kleinen Pumpe, die Sie mitführen, werden Sie vermutlich kein Modell finden, dass den hohen Druck aufbringen kann. Das ist aber nicht so tragisch. Im Notfall müssen Sie eben mit etwas weniger Druck auskommen. Eine Alternative sind Pumpen, die mit Gasdruckpatronen arbeiten, hier erreichen Sie schnell den notwendigen Druck. Sie sollten den Schlauchwechsel mit einer solchen Pumpe aber vorher geübt haben. Wenn Sie das Gas im Rennen bei den ersten missglückten Montageversuchen verbraucht haben, nützt Ihnen die Pumpe nichts mehr und Sie sind auf fremde Hilfe angewiesen.

Sie werden öfter Wartungsarbeiten oder Einstellungen am Rad durchführen müssen. Kaufen Sie sich am besten gleich einen kompletten Werkzeugkoffer mit Fahrradwerkzeugen. Bei großen Fahrradhändlern oder im Versand finden Sie günstige Angebote. Zur Ausfahrt müssen Sie nur einen Satz Reifenheber und die kleine Luftpumpe mitnehmen. Der Rest ist Glückssache.

Bei längeren Radfahrten habe ich immer ein Handy dabei, um im Notfall Hilfe holen zu können. Ich habe für diesen Zweck ein altes Handy mit einer Prepaidkarte zum Sporthandy umfunktioniert. Wenn es einmal abhanden kommen oder im Regen einen Wasserschaden erleiden sollte, ist der Verlust nicht allzu groß. Lassen Sie Ihr teures Businesshandy oder Ihren Multimediacomputer also besser zu Hause.

Für Reifenheber, Ersatzschlauch und Sporthandy hat sich bei mir eine Satteltasche bewährt. Die Tasche kann mit einem Klickverschluss am Sattel befestigt werden und ist mit einem Reißverschluss in der Größe verstellbar. In der größeren Variante passen auch noch ein paar Energieriegel mit hinein.

Bei langen Trainingseinheiten und im Rennen müssen Sie regelmäßig Trinken. Statten Sie Ihr Rennrad dafür mit zwei Flaschenhaltern und Flaschen aus. Eine Flasche wird am Unterrohr befestigt und die andere am Sitzrohr. Die Flasche am Sitzrohr muss eventuell etwas kleiner ausfallen, weil der Platz nicht ausreicht. Es gibt auch Halter, bei denen man die Flasche zur Seite entnehmen kann, dann benötigt man etwas weniger Platz am Sitzrohr. Beim Wettkampf sollten Sie Flaschen verwenden, die Sie entbehren können. Sie werden die leeren Flaschen vor der Verpflegungsstation abwerfen und dort neue entgegennehmen. Am Ende des Rennens werden Kinder Sie fragen, ob Sie Ihnen Ihre leeren Flaschen schenken. Lassen Sie also Ihre Glücksbringerflasche lieber zu Hause.

Für das Rennen können Sie sich auch eine spezielle Flasche anschaffen, die Sie am Aerolenker befestigen können. Das hat den Vorteil, dass Sie über einen Trinkhalm aus der Flasche trinken können, ohne sich aufrichten zu müssen. Sie werden dann regelmäßiger trinken – und das ist gut. Demgegenüber stehen aber auch Nachteile. Wenn Sie sich ab und zu einmal aufrichten, um zu trinken, dann können Sie dabei Ihren Rücken entspannen. Diese Bewegung entfällt mit der Flasche am Lenker. Wenn die Flasche leer ist, muss sie aus einer normalen Trinkflasche nachgefüllt werden. Es ist etwas umständlich, während der Fahrt eine Flasche umzufüllen. Wenn Sie sich für eine Aeroflasche entscheiden, testen Sie den Umgang damit vorher ausführlich im Training.

Kaufen Sie einen Fahrradhelm. Für die Teilnahme am Triathlon ist das Tragen eines Helms vorgeschrieben. Sie sollten ihn aber auch beim Training tragen. Fahrradfahren ist gefährlich. Gerade der Kopf ist bei einem Unfall stark gefährdet. Wenn Sie den Helm auch im Training tragen, werden Sie sich schnell daran gewöhnen. Kaufen Sie entweder eine speziellen Rennradhelm oder greifen Sie ruhig zum Allzweckhelm aus dem Supermarkt, wenn Sie an dieser Stelle sparen wollen. Mit dem Rennradhelm sehen Sie natürlich professioneller aus.

Achten Sie darauf, dass der Helm bei einem Test zumindest mit „Gut" abgeschnitten hat. Gute Helme müssen nicht teuer sein. Die Modelle vom Discounter schaffen es in Tests oft auf einen der vordersten Plätze. Es ist wichtig, dass der Helm richtig eingestellt wird, damit er Sie im Ernstfall schützen kann. Wenn Sie die Wahl haben, greifen Sie zu einem Modell mit einem integrierten Insektennetz. Damit kann es Ihnen nicht passieren, dass sich während der Fahrt eine Fliege oder gar eine Wespe in einem der Lüftungsschlitze verfängt.

Wenn Sie auch in der Dämmerung noch unterwegs sein wollen, brauchen Sie Licht am Rad. Sie sollten es vermeiden, im Dunkeln zu fahren. Im Winter, wenn die Tage kurz sind, ist es ohnehin schwierig draußen zu fahren. Aber für die ersten oder letzten Stunden eines Tages im Frühling oder Herbst können Sie sich mit Batterielampen versorgen. Moderne Rückleuchten sind mit LEDs ausgestattet, da halten die Batterien sehr lange. Für den Scheinwerfer sollten Sie Akkus nehmen. Es gibt Scheinwerfer, bei denen man die Akkus von außen laden kann, ohne sie jedes Mal entnehmen zu müssen.

Jetzt fehlt Ihnen noch die passende Kleidung. Laufbekleidung ist nur bedingt zum Radfahren geeignet. Das meiste davon können Sie aber sowohl zum Laufen als auch zum Radfahren tragen. Generell sollte die Radkleidung weniger winddurchlässig und etwas enger anliegend sein.

Beim Radfahren sollten Sie unbedingt eine Brille tragen, um Ihre Augen vor Insekten zu schützen. Eine extravagante Sportbrille einer begehrten Marke ist zudem auch *das* Statussymbol eines jeden ambitionierten Triathleten. Wenn Sie es sich leisten können, gönnen Sie sich den Spaß. Wenn nicht – es gibt auch ähnlich gute preiswerte Sportbrillen, sogar mit Wechselgläsern. Von Zeit zu Zeit hat Ihr Kaffeeröster oder Supermarkt sicher eine im Angebot. Greifen Sie zu, wenn Sie auf Statussymbole verzichten können.

Damit das Radtraining nicht zu einseitig wird, sollten Sie sich zusätzlich zum Rennrad ein Mountainbike zulegen. Mit dem Rennrad sind Sie an Straßen gebunden. Sie können damit allenfalls noch auf gut ausgebauten Radwegen trainieren. Das Mountainbike lässt sich fast überall hin bewegen, durch den Wald, übers Feld, Bordsteinkanten hoch und Treppen hinunter. Damit garantiert Ihnen das Mountainbike die perfekte Abwechslung zum Training auf dem Rennrad. Mit dem Geländerad sind Sie zwar wesentlich langsamer unterwegs als mit der Rennmaschine – das spielt aber keine Rolle, denn Sie werden Ihr Training mit der Pulsuhr steuern. Nutzen Sie das Mountainbike zur Abwechslung, verzichten Sie aber nicht ganz auf das Rennrad. Sie müssen Erfahrung im Umgang mit dem Rennrad und mit dem Fahren auf der Straße sammeln.

Laufen
Das Laufen ist die dritte und letzte Disziplin beim Triathlon. Gegenüber den anderen beiden Sportarten stellt das Laufen die geringsten Anforderungen an die Ausrüstung.

Der wichtigste Teil Ihrer Laufausrüstung sind die Laufschuhe. Suchen Sie sich ein Sportgeschäft mit guter Beratung und Videoanalyse Ihres Laufstils. Achten Sie darauf, dass der Verkäufer tatsächlich einen kompetenten Eindruck macht und sich mit der Videoanalyse auskennt. Wenn der Verkäufer selbst ein erfahrener Läufer ist, sind Sie bei ihm gut aufgehoben. Achten Sie nicht auf den Preis. Ein guter Verkäufer wird Ihnen das Modell verkaufen, das am besten zu Ihnen passt. Wenn es dann ein paar Euro mehr kostet, sollte das keine Rolle spielen. Falsche Schuhe können auf Dauer zu Verletzungen führen. Wenn der Schuh nicht richtig sitzt, bekommen Sie Blasen und können ein paar Tage nicht mehr trainieren. Wenn Sie im Wettkampf Blasen bekommen, kann das ein vorzeitiges Aus bedeuten.

Fragen Sie, ob Sie die Schuhe notfalls zurückgeben oder umtauschen können. Ob der Schuh tatsächlich zu Ihnen passt, dass werden Sie erst nach einem längeren Training wissen. Wenn dann nicht alles perfekt sitzt, wird sich daran auch nicht mehr viel ändern. Dann ist es gut, wenn Sie einen zweiten Versuch haben, ohne noch einmal investieren zu müssen.

Die Dämpfungseigenschaften eines Laufschuhs lassen leider relativ schnell nach. Kaufen Sie lieber öfter ein neues Paar als zu selten. Sie werden sehr viel trainieren müssen, eine längere Verletzungspause können Sie sich deshalb nicht leisten. Es ist besser, wenn Sie abwechselnd verschiedene Schuhe benutzen, dann werden Ihre Füße, Knie und Hüften unterschiedlich belastet und das Verletzungsrisiko sinkt. Sie können also das neue Paar schon parallel zu ihren alten Schuhen in Betrieb nehmen.

Fürs Fitnessstudio können Sie sich ein Paar extra leisten. Es sieht besser aus, wenn Sie mit sauberen Schuhen aufs Laufband gehen. Die Schuhe, die Sie auf dem Laufband benutzen, müssen keine so gute Dämpfung haben, wie die für die Straße. Sie können hier also ausnahmsweise zum billigeren Modell greifen.

Wenn Sie im Herbst und im Winter auch draußen laufen wollen, dann besorgen Sie sich wasserabweisende oder wasserdichte Schuhe. Es gibt sogenannte Trail-Laufschuhe, diese Schuhe haben breitere Sohlen mit mehr Profil, damit können sie auch auf unebenen und matschigen Wegen gut laufen. Generell ist es eine gute Idee, ab und zu auch auf schwierigerem Untergrund zu trainieren. Durch die wechselnden Belastungen, die dabei auf Ihre Füße wirken, werden Ihre Beine nicht so einseitig belastet wie auf der Straße. Ihre Waden werden im Gelände besser trainiert und sind dann nicht mehr so anfällig für Verletzungen. Wer regelmäßig querfeldein läuft, knickt nicht so leicht um.

Wollen Sie auch im Dunkeln laufen, dann sollten Sie sich Lampen zulegen. Es gibt kleine Lampen, die Sie vorn und hinten an Ihrer Kleidung befestigen können, damit werden Sie im Straßenverkehr besser gesehen. Wenn Sie in der Natur laufen, abseits von Straßenlaternen, dann benötigen Sie eine starke Lampe um den Weg zu beleuchten. Für diesen Zweck können Sie eine Stirnlampe verwenden, das ist aber etwas unpraktisch. Die Stirnlampe kann durch die starken Erschütterungen beim Laufen verrutschen. Sie können stattdessen den Batteriescheinwerfer nehmen, den Sie für Ihr Rad gekauft haben. Halten Sie den Scheinwerfer beim Laufen in der Hand, das reicht als Beleuchtung vollkommen aus.

Sie benötigen Laufbekleidung für jedes Wetter. Die meisten Teile können Sie miteinander kombinieren und bei Bedarf übereinander tragen. Weil Sie jetzt viel mehr trainieren werden, benötigen Sie in Zukunft auch mehr Sportbekleidung zum Wechseln. Verabschieden Sie sich von Baumwolle und kaufen Sie spezielle Funktionsbekleidung. Kaufen Sie Stück für Stück immer nur das, was Sie gerade benötigen. Mit der Zeit werden

Sie alles zusammenbekommen, was Sie brauchen. Kennen Sie den Unterschied zwischen einem Hobbysportler und einem ambitionierten Sportler? Man erkennt den ambitionierten Sportler daran, dass seine Sportbekleidung ein eigenes Fach im Schrank einnimmt. Bei mir waren es auch schon mehrere Fächer.

Bei langen Läufen sollten Sie Wasser mitnehmen. Schaffen Sie sich dafür am besten einen Trinkgürtel an. Für den Anfang reicht ein sogenannter Gel-Gürtel mit vier kleinen Flaschen. Die Flaschen eignen sich auch zum Transport von Energiegel. Der Vorrat von vier solchen Flaschen reicht für einen Marathonlauf. Im Training füllen Sie statt Energiegel reines Wasser in die Flaschen. Der kleine Vorrat stört kaum beim Laufen, reicht dafür aber auch nicht sehr weit. Wenn Sie im Sommer bei Hitze unterwegs sind, schaffen Sie damit noch nicht einmal einen Halbmarathon. Sie können sich für diesen Fall einen Gürtel mit noch mehr und noch größeren Flaschen zulegen. Im gefüllten Zustand stört so ein Gürtel jedoch beim Laufen. Ein Trinkrucksack kann zwar noch mehr Wasser aufnehmen und sitzt auch recht gut auf dem Rücken, stört aber auch. Sie werden an der Stelle, an der der Rucksack am Rücken aufliegt, verstärkt schwitzen.

Mein Tipp: Kaufen Sie den Gel-Gürtel mit vier Flaschen, den Sie dann auch im Wettkampf für Energiegel verwenden können. Gestalten Sie längere Trainingseinheiten so, dass Sie immer mal wieder an der Haustür vorbeikommen und einen Schluck trinken können. Sie können auch das Auto als Zentrale in Ihre Laufstrecke einbauen. Im Auto haben Sie dann Wasser deponiert und können so beim Laufen ganz auf ein Trinksystem verzichten. Wenn Sie auf einem Sportplatz trainieren, stellen Sie die Flasche einfach an die Strecke. Sie können dann alle 400 Meter trinken.

Bei Sonnenschein kann eine Sonnenbrille nützlich sein. Sie können dafür Ihre Radbrille verwenden. Auch an Sommerabenden laufe ich nur noch mit Brille. Wenn Sie schon einmal beim Laufen ein Insekt ins Auge bekommen haben, wissen Sie warum.

Fitnessstudio
Es gab bisher für Sie keinen Grund, sich bei einem Fitnessstudio anzumelden? Klar – als Ausdauersportler ist da draußen Ihr Fitnessstudio: Im Park, im Wald, in der Stadt und auf der Landstraße. Wenn Sie vorhaben, einen Langdistanz-Triathlon zu schaffen, dann haben Sie ab jetzt zwei Gründe, warum Sie sich bei einem Fitnessstudio anmelden sollten. Der erste Grund ist, dass Sie in einem Fitnessstudio bei jedem Wetter und zu fast jeder Uhrzeit trainieren können. Ja klar, das geht auch in der freien Natur, kostet aber manchmal große Überwindung oder ist gefährlich. Mal ehrlich, wer macht schon gerne einen langen Lauf, wenn es draußen Blitzeis oder ein Sommergewitter gibt. Suchen Sie sich ein Fitnessstudio in der Nähe Ihrer Wohnung, dann sind Sie ab sofort unabhängig vom Wetter und können auch ohne Tageslicht trainieren. Es ist natürlich auch eine gute Idee, ein Fitnessstudio in der Nähe der Arbeitsstätte zu haben, das können Sie sich vielleicht später zusätzlich leisten. Zunächst einmal sollten Sie eines in der Nähe Ihrer Wohnung suchen, daraus werden Sie den größten Nutzen ziehen.

Der zweite Grund: Sie können im Fitnessstudio Kraft trainieren. Wie bereits gesagt, ist Kraft nicht die entscheidende Voraussetzung für einen erfolgreichen Langdistanz-Triathleten – ein gezieltes Krafttraining für die Rumpfmuskulatur und für den Oberkörper kann Ihnen aber später im Wettkampf von Nutzen sein, wenn Sie stundenlang monoton Rad fahren und laufen müssen. Davon abgesehen kann es auch Spaß machen und gibt Ihnen ein noch besseres Lebensgefühl.

Wenn es Ihnen wie mir geht, dann werden Sie das Preismodell der meisten Studios nicht mögen. Fast alle setzen auf einen festen Monatsbeitrag über eine Laufzeit von einem Jahr oder noch länger. Die Preiskalkulation geht davon aus, dass viele Mitglieder nach der anfänglichen Euphorie nicht mehr wiederkommen oder zumindest nur noch sehr selten ins Studio gehen. Die Monatsbeiträge laufen dann über die ganze Laufzeit weiter, obwohl man das Studio kaum noch nutzt. Sie brauchen sich darum keine Sorgen machen – Sie werden das Studio oft nutzen.

Im Frühjahr 2008 hat die Fitnesskette McFit 200 m von meiner Haustür entfernt ein Studio eröffnet. Die Nähe allein war schon faszinierend und dann noch der niedrige Preis! Aber ich hatte keinen Grund, dorthin zu gehen. Mein Fitnessstudio war überall: In Kleingartensiedlungen, auf Feldwegen, auf dem Sportplatz und auf Landstraßen.

Im August 2008 habe ich beschlossen, ein Jahr für meine Teilnahme am Ostseeman 2009 zu trainieren. Plötzlich hatte ich einen Grund, ins Fitnessstudio zu gehen. Ich wollte bei jedem Wetter trainieren können. Es hat sich gelohnt – ich habe darüber hinaus noch viel mehr Nutzen daraus ziehen können, als ich es eigentlich vorhatte.

Neben dem reinen Ausdauersport konnte ich auch eine andere Art Fitness dazugewinnen. Als ich mit dem Krafttraining begann, konnte ich keinen einzigen Klimmzug, jetzt schaffe ich immerhin acht. Ich hatte oft Verspannungen und Sehnenschmerzen von der Arbeit im Büro. Das ist jetzt wesentlich seltener der Fall. Ich hatte Probleme, wenn ich schwere Gegenstände heben musste, jetzt bin ich wesentlich kräftiger und geschickter dabei.

Ein großer Vorteil von McFit ist, dass es sich um eine Kette mit über 100 Studios handelt. Allein in Berlin gibt es im Moment 17 Studios. Das heißt, dass ich an 17 Stellen in der Stadt trainieren kann. Überall kann ich zum Training meine Sachen einschließen und nach dem Training duschen. In jedem Studio kann ich den Getränkeautomaten nutzen. Das ergibt eine Menge Möglichkeiten für ein abwechslungsreiches und interessantes Training in den Studios und deren Umgebung. Vor der Arbeit, nach der Arbeit und in der Mittagspause, auch wenn ich auf Dienstreise bin, ist das nächste Studio nicht weit.

Massage
Finden Sie einen guten Masseur. Gönnen Sie sich jede Woche eine Ganzkörpermassage von mindestens einer Stunde. Wenn Sie nur 30 Minuten nehmen, hat der Masseur keine Zeit, sich ausreichend mit den einzelnen Muskelgruppen zu beschäftigen. Sicher sind Sie bisher auch ganz gut ohne Massage ausgekommen. Wenn Sie beginnen, für den Langdistanz-Triathlon zu trainieren, werden Sie viel mehr trainieren als bisher. Sie brauchen dann auch mehr Regeneration als bisher. Ein guter Masseur wird Ihnen auch Tipps geben können, wie Sie mit Überlastungsproblemen umgehen können. Er wird Ihnen helfen, noch mehr über Ihren Körper zu lernen.

Eine klassische Massage können Sie in einer Praxis für Physiotherapie erhalten. Sagen Sie, dass Sie viel Sport treiben und einen guten Physiotherapeuten haben wollen, der viel Erfahrung hat und gut massieren kann. Wenn Sie die Massagen selbst bezahlen, also nicht mit einem Rezept kommen, werden Sie sicher den besten Masseur bekommen, den die Praxis zu bieten hat, schließlich sollen Sie ja wiederkommen. Wenn Sie nicht zufrieden sind, wechseln Sie die Praxis.

Neben der klassischen Massage kann ich Ihnen unbedingt auch die traditionelle Thai-Massage empfehlen. Die fernöstliche Massagetechnik lebt von einem tiefen, ganzheitlichen Verständnis des menschlichen Körpers. Die Masseure sind in der Regel sehr erfahren und finden schnell heraus, wo Sie blockiert sind und was man dagegen tun kann. Wenn Sie Verspannungen, Sehnen- und Muskelschmerzen haben und Ihnen bisher niemand helfen konnte – probieren Sie die Thai-Massage!

Und sonst noch
Wenn Sie bisher keinen MP3-Player im Einsatz hatten, dann ist jetzt der Zeitpunkt gekommen, einen zu kaufen. Der MP3-Player wird Ihnen die langweiligen Trainingseinheiten kurzweilig machen. Die Langeweile kommt spätestens dann, wenn Sie – bei schlechtem Wetter – einen langen Lauf auf dem Laufband machen müssen. Dann ist es gut, etwas motivierende Musik dabeizuhaben, oder einen Podcast hören zu können. Wenn es Ihnen gelingt, sich beim Laufen zu konzentrieren, dann können Sie auch Hörbücher hören. Ich empfehle Ihnen einen von den kleinen Playern zu kaufen, die man mit einem Clip an der Kleidung befestigen kann. Wenn Sie den Player mit einer Hülle gegen Regen schützen, können Sie ihn auch außerhalb des Studios zum Laufen benutzen. Kaufen Sie einen Sport-Kopfhörer, der sitzt besser beim Sport und ist unempfindlich gegenüber Regen und Schweiß.

Spätestens für das Rennen brauchen Sie eine große Sporttasche, in die der Neoprenanzug, die Rad- und Laufschuhe, der Radhelm und die Sportkleidung hineinpassen. Wenn die Sporttasche wasserdicht ist, kann sie auch bei Regen in der Wechselzone neben dem Rad stehen, ohne dass der Inhalt nass wird.

Sie werden viel im Freien trainieren. Für die langen Trainingseinheiten und die Wettkämpfe benötigen Sie einen guten Sonnenschutz. Wenn Sie empfindliche Haut haben, sollten Sie Ihre Brustwarzen vor dem Laufen abkleben, dafür gibt es spezielle Pflaster, ein normales breites Pflasterband tut es aber auch. Als Mann sollten Sie sich vorher die Brusthaare abrasieren, sonst werden Sie spätestens beim Abziehen des Pflasters bereuen, es nicht getan zu haben. Wenn Sie empfindliche Haut haben, die unter den Achseln oder zwischen den Beinen aufscheuert, dann können Sie diese Stellen vor langen Belastungen mit „Bodyglide" behandeln, das hilft auch vorbeugend gegen Blasen an den Füßen. Wenn die Blasen erst einmal da sind, helfen spezielle Blasenpflaster. Wenn Sie zu Blasen neigen, dann besorgen Sie sich Blasenpflaster in verschiedenen Größen – für den Fall der Fälle.

Für die Trainingsplanung besorgen Sie sich eine Pinnwand. Die Pinnwand muss mindestens A2-Format haben, besser wäre A1. Eine Magnetwand ist natürlich noch geeigneter. Obwohl – eine gewisse Genugtuung ist es schon, wenn man den Zettel mit der Aufschrift „Laufen 3 Stunden" von links nach rechts hängt und dabei schwungvoll mit einem Pin durchbohrt. Meine Planungswand ist kombiniert – Pinnwand und Magnetwand in einem. Das ist sehr praktisch und sehr dekorativ. Besorgen Sie sich Pins bzw. Magnete in ausreichender Menge, zwanzig bis dreißig sollten für den Anfang reichen. Kaufen Sie dazu eine Zettelbox.

Ernährung

Gesunde Ernährung

Eine gesunde Ernährung ist wichtig, wenn Sie Ihr Ziel schaffen wollen. Ihr Körper besteht letztlich aus dem, was Sie essen und trinken. Wenn Sie Ihren Körper trainieren, dann braucht er gesunde Nahrung, um Leistung zu bringen und um sich zu regenerieren. Sich gesund zu ernähren ist zum Glück nicht so schwierig, wie Sie vielleicht denken. Je mehr Sport Sie treiben, desto mehr werden Sie von ganz alleine zu gesunden Nahrungsmitteln greifen und alles vermeiden, was Ihren Körper zusätzlich belastet.

Nahrungsmittel bestehen im Wesentlichen aus drei Komponenten:

- Kohlenhydrate
- Eiweiße (Proteine)
- Fette

Kohlenhydrate nehmen wir vor allem in Form von Zucker, als Getreideprodukte (Müsli, Nudeln, Brot, Kuchen), als Reis und als Kartoffeln zu uns. Süßes Obst und bestimmte Gemüse, wie z.B. Bohnen, Erbsen und Linsen enthalten ebenfalls einen hohen Anteil an Kohlenhydraten. Kohlenhydrate versorgen unseren Körper mit Energie.

Es ist umstritten, wie viele Kohlenhydrate man mit der Nahrung zu sich nehmen sollte. Langkettige Kohlenhydrate sollen in der traditionellen „Ernährungspyramide" die Grundlage bilden und den größten Anteil an der Ernährung haben. In den letzten Jahren ist diese Sichtweise in die Kritik geraten. Kohlenhydrate gelten jetzt als „die wahren Dickmacher" und sollen vermieden werden. Ich verstehe diese Idee, konnte aber nicht beobachten, dass sie bei mir funktioniert. Wenn Sie für einen Langdistanz-Triathlon trainieren, dann werden Sie sehr viel Ausdauersport betreiben. Nach meiner Erfahrung sollten Sie sich dabei an der traditionellen Ernährungspyramide orientieren und Brot, Kartoffeln, Reis und Nudeln zur Basis Ihrer Ernährung machen.

Kurzkettige Kohlenhydrate wie Traubenzucker und Kristallzucker sind geeignet, um schnell Energie zu liefern. Wenn die Energie nicht sofort verbraucht wird, wird Sie im Körper eingelagert. Dafür haben Sie in der Leber und in den Muskeln Glykogenspeicher. Sind diese gefüllt, wandert die überschüssige Energie direkt in Ihre Fettzellen. Wenn Sie Zucker zu sich nehmen, steigt Ihr Blutzuckerspiegel kurzfristig an. In der Folge produziert Ihr Körper verstärkt Insulin. Dieses Hormon senkt den Blutzuckerspiegel. Wenn Sie übermäßig viel Zucker zu sich nehmen, kann es dabei zu einer Überreaktion kommen. Ihr Blutzuckerspiegel sinkt dann so stark ab, dass Sie Heißhunger auf Süßes bekommen.

Geben Sie langkettigen Kohlenhydraten den Vorzug. Wenn Sie langkettige Kohlenhydrate zu sich nehmen, steigt Ihr Blutzuckerspiegel nur langsam an und bleibt dafür lange stabil.

Achten Sie darauf, welche Kohlenhydrate Sie zu welcher Zeit zu sich nehmen. Kuchen oder Schokoriegel können Sie direkt nach dem Training essen. Dann sind Ihre Speicher leer und sollten schnell gefüllt werden. Zum Frühstück sollten Sie Müsli essen, um bis zum Mittag versorgt zu sein. Es enthält eine gute Mischung aus kurz- und langkettigen Kohlenhydraten, damit haben Sie sofort Energie für den Start in den Tag und halten gleichzeitig länger durch, als wenn Sie ein Stück Kuchen essen würden. Mittags greifen Sie zum Nudelgericht, das schmeckt gut, macht satt und belastet nicht so stark. Damit haben Sie Energie bis zum Abend. Dann sollten Sie die Kohlenhydratzufuhr reduzieren – das fördert die Produktion von Hormonen, die im Schlaf gebildet werden und für die Regeneration wichtig sind.

Eiweiße oder Proteine nehmen wir in Form von Fleisch, Fisch, Ei, als Milchprodukte und als pflanzliches Eiweiß zu uns. Die Eiweiße werden im Körper in ihre Bestandteile, die Aminosäuren zerlegt. Aus den Aminosäuren werden dann die körpereigenen Eiweiße zusammengesetzt. Manche Aminosäuren können wir aus anderen Aminosäuren generieren, einige andere sind essentiell, das heißt, sie können nur über die Nahrung zugeführt werden. Die Eiweiße sind die zentralen Grundbausteine unseres Körpers und erfüllen in allen Bereichen wichtige Aufgaben.

Die körpereigenen Eiweiße sind in einem ständigen Auf- und Abbau begriffen. Als Ausdauersportler beschleunigen Sie diesen Prozess sogar noch. Es ist also wichtig, dass Sie sich mit hochwertigem Eiweiß versorgen. Generell ist tierisches Eiweiß hochwertiger als pflanzliches, weil es dem körpereigenen Eiweiß ähnlicher ist. Achten Sie aber auch darauf, dass Ihre Eiweißquellen auch andere Stoffe enthalten, die Ihre Gesundheit gefährden können. Fleisch aus industrieller Produktion ist sicher stärker belastet als Bioprodukte. Rotes Fleisch steht im Verdacht, das Risiko von Darmkrebs zu erhöhen. Weißes Fleisch von Geflügel soll sich neutral verhalten, Fisch senkt angeblich sogar das Darmkrebsrisiko.

Essen Sie abwechslungsreich. Versuchen Sie, mindestens einmal in der Woche Seefisch zu essen, z.B. Seelachs, Makrele oder Seehecht. Schweinefleisch, Rind und Lamm sollten Sie auf eine Mahlzeit pro Woche beschränken. Greifen Sie stattdessen zu vegetarischen Gerichten oder zu Huhn und Pute. Ihr morgentliches Müsli können Sie mit Joghurt zubereiten. Essen Sie gerne Käse? Milchprodukte sind ein wichtiger Lieferant von tierischem Eiweiß. Ergänzen Sie am Wochenende noch ein Bio-Frühstücksei und Sie haben eine abwechslungsreiche und ausgewogene Versorgung mit hochwertigen Eiweißen sichergestellt.

Fette sind ein wichtiger Bestandteil unserer Nahrung. Sie wurden lange Zeit als Dickmacher verteufelt. Light-Produkte wie fettarme Wurst, fettarmer Käse und quasi fettfreier Joghurt scheinen für viele auch heute noch das richtige Mittel zu sein, wenn es darum geht, ein paar Kilo abzunehmen. Leider geht mit dem Fett meist auch der Geschmack verloren. Aber auch andere Eigenschaften hängen am Fett. Mit „modifizierter Stärke" versuchen die Lebensmittelhersteller das „Mundgefühl" nachzuahmen, das ein cremiger Joghurt mit einem höheren Fettanteil von ganz allein mitbringt – ohne Erfolg.

Künstlich fettarm gemachte Produkte sind für die Ernährung genauso wertlos wie künstlich gesüßte Produkte. Über Ihre Sinnesorgane erhält Ihr Körper die Information, dass er etwas fett- oder zuckerhaltiges erhält und wird dann darum betrogen. Das Resultat ist, dass Sie noch mehr Hunger auf Fettes oder Süßes bekommen. Sie können auf diese Weise keine gesunde Ernährung erlernen, dafür müssen Sie Ihren Körper und Ihr Denken an gesunde natürliche Lebensmittel gewöhnen. Es gibt dazu keine Alternative und Sie benötigen auch keine.

Nahrungsfette liefern unserem Körper gesättigte und ungesättigte Fettsäuren. Unter den ungesättigten Fettsäuren sind einige essentiell, unser Körper kann sie nicht selbst herstellen und ist darauf angewiesen, sie mit der Nahrung aufzunehmen. Generell ist der Anteil von ungesättigten Fettsäuren in pflanzlichen Fetten höher als in tierischen.

Wie stellen Sie sicher, dass Sie die richtigen Fette zu sich nehmen? Was können Sie dafür tun, dass Sie nicht zu viel Fett essen? Die Lösung ist auch hier relativ einfach. Essen Sie abwechslungsreich. Vermeiden Sie fettreiches Fleisch. Verzichten Sie auf fettes Eisbein oder knusprigen Schweinebraten. Entfernen Sie den Fettrand vom Schinken. Lassen Sie am Grill das (mit Fett) durchwachsene Nackensteak links liegen und greifen Sie lieber zur Putenbrust. Essen Sie Seefisch – neben wertvollem Eiweiß enthält er wertvolle Fette. Verwenden Sie Oliven- und Sonnenblumenöl für Ihren Salat. Zum Braten geben Sie gesundes Rapsöl in die Pfanne. Sie müssen nicht auf fettreichen Käse, cremigen Joghurt und Butter verzichten. Fettreiche Milchprodukte schmecken einfach besser und hinterlassen ein anhaltendes Sättigungsgefühl.

Fette transportieren nicht nur Geschmack, bestimmte Vitamine können wir nur im Zusammenspiel mit Fetten aufnehmen. Mohrrüben enthalten viel Vitamin A. Ohne Fett können Sie es aber nicht aufnehmen. Geben Sie ein wenig Sonnenblumenöl über ihre geraspelten Möhren und schon ist Ihre Versorgung mit dem wichtigen Vitamin gesichert.

Alkohol ist kein Lebensmittel. Sie benötigen zum Leben keinen Alkohol, im Gegenteil, er ist giftig. Alkoholische Getränke schmecken zum Teil sehr gut und ein leichter Rausch kann ganz angenehm sein. Alkohol ist ein Genussmittel. Davon abgesehen liefert Alkohol durchaus Energie, etwa so, wie es Kohlenhydrate und Fette tun. Weil Alkohol giftig ist, hat sein Abbau für den Körper Priorität. Damit verhindert Alkohol den Fettabbau und fördert die Umwandlung von Kohlenhydraten in Fett.

Wenn Sie einen Langdistanz-Triathlon schaffen wollen, müssen Sie nicht zwangsläufig ganz auf Alkohol verzichten. Sie können es aber tun – es wird Ihnen dabei helfen, Ihr Ziel zu erreichen. Der hohe Trainingsumfang wird Ihren Körper schon genug belasten, da müssen Sie ihn nicht noch zusätzlich vergiften. Auf jeden Fall sollten Sie den Alkoholkonsum drastisch reduzieren. Machen Sie es sich zur Regel, höchstens einmal in der Woche ein Bier oder ein Glas Wein zu trinken. In der direkten Vorbereitung auf den Langdistanz-Triathlon, in den letzten 30 Wochen vor dem Wettkampf, verzichten Sie gänzlich auf Alkohol. Das ist eigentlich gar kein Problem. Es gibt ein paar alkoholfreie Biersorten, die ganz gut schmecken, zumindest dann, wenn Sie gut gekühlt sind. Statt Wein trinken Sie einfach ein Glas Traubensaft. In einem Weinglas serviert sieht der auch nicht anderes aus, als das Original. Traubensaft schmeckt, im Gegensatz zu Wein, zuckersüß. Probieren Sie es aus, eigentlich schmeckt Traubensaft viel besser als Wein.

Wo wir schon einmal beim Gift sind – rauchen Sie noch? Dann hören Sie jetzt damit auf. Alkohol hat als Genussmittel immerhin noch etwas zu bieten. Rauchen ist hingegen vollkommen überflüssig. Wenn Sie mit dem Rauchen aufhören, dann werden Sie sich dauerhaft so fühlen, wie sie sich jetzt nur kurz nach dem ersten Zug fühlen. Lassen Sie sich nicht mehr länger von der Zigarettenindustrie versklaven. Machen Sie sich frei von dieser stinkenden Angewohnheit. Die Chancen stehen gut, weil Sie gerade ein starkes Motiv haben. Sie wollen einmal im Leben einen Langdistanz-Triathlon schaffen? Nach jedem Training, dass Ihren Körper vorangebracht hat, schädigen Sie sich, indem Sie sich eine Zigarette anzünden? Das ist vollkommen sinnlos, oder?

Probieren Sie einen Tag nicht zu rauchen, das wird Ihnen sicher gelingen. Verzichten Sie eine Woche auf Zigaretten, das ist nicht allzu schwer. Wenn Sie das geschafft haben, verlängern Sie auf einen Monat. Wenn Sie einen Monat nicht geraucht haben, dann müssen Sie damit auch nicht wieder anfangen. Setzen Sie sich das Ziel, bis zum Wettkampf nicht mehr zu rauchen. Stellen Sie sich ruhig vor, wie Sie sich danach genussvoll eine Zigarette anzünden. Sie werden es sowieso nicht tun. Wenn Sie einmal weg sind von dem Unsinn, warum sollten Sie damit wieder anfangen? Als Triathlet haben Sie bewiesen, dass Sie das Unmögliche möglich machen können. Rauchen ist etwas für schwache Menschen. Sie sind ein starker Mensch.

Nahrungsergänzungsmittel benötigen Sie eigentlich nicht. Wenn Sie sich ausgewogen ernähren, wird Ihr Körper immer ausreichend mit Vitaminen und Spurenelementen versorgt sein.

Andererseits ist das viele Training auch recht belastend. Sicher haben sie jetzt einen erhöhten Bedarf an Vitaminen. Beim Ausdauersport gehen Ihnen viele Mineralien über den Schweiß verloren. Sie werden das merken, wenn Sie sich dabei beobachten, wie Sie Ihr Essen nachsalzen. Wenn Sie etwas zu viele Vitamine zu sich nehmen, werden diese einfach wieder ausgeschieden. Es besteht natürlich auch die Gefahr der Überdosierung, das kann Ihnen aber praktisch nicht passieren, dazu müssten Sie enorme Mengen an Nahrungsergänzungsmitteln zu sich nehmen. Mein Tipp ist: Gehen Sie auf Nummer sicher. Nehmen Sie täglich ein Komplettpräparat mit Vitaminen und Spurenelementen zu sich. Das Schlimmste was Ihnen dann passieren kann ist, dass Sie die schönen Vitamine über den Urin wieder ausscheiden. Bestenfalls hilft es Ihrem Körper, freie Radikale abzubauen und stärkt Ihre Abwehrkräfte.

Geben Sie natürlichen Lebensmitteln den Vorzug. Je mehr ein Lebensmittel verarbeitet wurde, desto wertloser wird es für Ihre Ernährung. Fertiggerichte enthalten Konservierungsstoffe, Geschmacksverstärker, Farbstoffe und künstliche Aromen. Auch wenn die Aromen naturidentisch sind, so sind sie immer noch künstlich. Das ist wertloses Zeug. Die Amerikaner haben dafür den passenden Begriff: Junkfood. Ihr Körper hat keinen Bedarf an gehärteten Fetten und modifizierter Stärke. Verzichten Sie auf die Bequemlichkeit und bereiten Sie Ihr Essen aus natürlichen, unverarbeiteten Rohstoffen selbst zu. Wenn Sie bequem sein wollen, dann gehen Sie zum asiatischen Imbiss. Dort werden hochwertige Zutaten in Handarbeit zu einem leckeren Essen verarbeitet und das alles zu einem unschlagbaren Preis. Essen Sie reichlich Obst und Gemüse. Wenn sich ein Besuch bei McDonald's nicht vermeiden lässt, dann greifen Sie dort zum Salat und zum McFish. Hamburger, Hotdogs, Currywurst und Pommes mit Majo können Sie ganz aus Ihrem Ernährungsprogramm streichen.

Trinken Sie ausreichend. Kaffee ist gut, um den Fettstoffwechsel in Schwung zu bringen, Ihr Standardgetränk sollte aber Wasser sein. Beobachten Sie Ihren Urin. Wenn er dunkel und undurchsichtig ist, haben Sie zu wenig getrunken. Trinken Sie soviel, dass Ihr Urin hell und klar wird.

Es ist durchaus möglich, zu viel zu trinken, dafür müssten Sie aber enorme Mengen in sich hineinschütten. Wahrscheinlicher ist, dass Sie zu wenig trinken. Stellen Sie eine Flasche Wasser an Ihren Arbeitsplatz. Wenn Sie Ihr Getränk vor Augen haben, werden Sie daran denken, ab und zu einen Schluck zu nehmen.

Es gibt Experten, die der Ansicht sind, man sollte vor langen Trainingseinheiten nicht essen. Ein Training im nüchternen Zustand würde den Fettstoffwechsel besonders gut trainieren. Entscheiden Sie selbst, was Sie davon halten. Ich fand die Idee erst plausibel, habe dann aber nach und nach darauf verzichtet. Nehmen Sie ruhig ein kleines, leicht verdauliches Frühstück zu sich, bevor Sie trainieren. Essen Sie eine Banane und einen Toast mit Marmelade. Das sind Kohlenhydrate, die Ihnen Schwung verleihen. Trinken Sie einen Kaffee, das bringt den Kreislauf auf Trab.

Vielleicht reicht es aus, wenn Sie für den Rest des Trainings mit Wasser vorlieb nehmen. Bei sehr langen Radfahrten sollten Sie aber ein paar Energieriegel dabei haben. Das hat ein paar Vorteile. Sie können so schon im Training ausprobieren, welche Energieriegel sie am besten vertragen und Sie sind es schon vor dem Rennen gewohnt, auf dem Rad zu essen. Außerdem kann es ihnen dann nicht mehr so leicht passieren, dass Sie sich vollkommen verausgaben und einen Hungerast erleiden. Wenn die Glykogenspeicher erst einmal aufgebraucht sind, werden Sie sich nach Hause quälen müssen. Wenn Sie aber ab und zu einen Riegel essen, kommen Sie gar nicht erst in diese Lage. Trainieren Sie mit einer Pulsuhr. Der richtige

Pulsbereich ist für das Training des Fettstoffwechsels sicher wichtiger als ein nüchterner Magen.

Für die Wettkämpfe brauchen Sie eine eigene Ernährungsstrategie. Wie die aussehen sollte, erkläre ich im Kapitel Wettkampf.

Training

Zeitsparend und wirksam trainieren
Wenn Sie einen Langdistanz-Triathlon schaffen wollen, dann müssen Sie dafür sehr viel trainieren. Haben Sie eine Vollzeitarbeit und eine Familie? Dann müssen Sie sich überlegen, wie Sie zeitsparend trainieren können. Außerdem sollte jede Ihrer Trainingseinheiten so wirksam wie möglich sein, sonst verschwenden Sie Zeit.

Trainieren Sie jeden Tag nur eine Trainingseinheit. Mehrere Einheiten pro Tag sind etwas für Profisportler. Als Freizeitsportler mit Beruf und Familie können Sie sich das nicht leisten. Sie geraten nur in Gefahr, sich zu verzetteln und lauter halbe Sachen zu machen. Sie verbrauchen dann nicht nur viel Zeit, sie erzielen damit auch keinen Fortschritt. Konzentrieren Sie sich auf eine Einheit pro Tag. Diese eine Trainingseinheit sollte einen klaren Schwerpunkt haben und genau einem Zweck dienen. Konzentrieren Sie sich auf diesen Zweck.

Ein Techniktraining im Schwimmen zum Beispiel dient nur der Verbesserung der Schwimmtechnik. Es kommt darauf an, technisch möglichst sauber zu schwimmen und die Technik durch Übungen zu verbessern. Wie weit Sie dabei schwimmen ist vollkommen egal. Wenn Sie versuchen gleichzeitig an Ihrer Ausdauer zu arbeiten, werden Sie nach ein paar Bahnen unkonzentriert sein. Wenn Sie unkonzentriert sind, können Sie keine technischen Fortschritte erzielen.

Wenn Sie eine lange Radfahrt machen, soll das Ihren Fettstoffwechsel verbessern. Achten Sie darauf, dass Sie im richtigen Pulsbereich trainieren. Lassen Sie sich nicht von anderen Radfahrern zu einem Rennen verleiten. Egal, wer sie überholt, ob er älter ist als Sie oder dicker, bleiben Sie in Ihrem Pulsbereich. Eine lange Radfahrt ist nicht die richtige Einheit, um an ihrer Höchstgeschwindigkeit zu arbeiten.

Setzen Sie die richtigen Prioritäten. Jede Trainingswoche enthält genau ein Schlüsseltraining je Sportart. Das sind drei wichtige Trainingseinheiten, die Sie in jedem Fall absolvieren müssen:

- Techniktraining Schwimmen
- Lange Radfahrt
- Langer Lauf

Alle anderen Trainingseinheiten haben eine geringere Priorität. Sie sind Beiwerk, nützliche Ergänzungen. Wenn Ihnen wichtige Termine, familiäre Verpflichtungen oder Dienstreisen einen Strich durch den Trainingsplan machen, dann retten Sie zunächst die drei Schlüsseltrainings und verzichten Sie stattdessen auf die anderen Trainingseinheiten.

Nutzen Sie den Arbeitsweg. Sie können mit dem Rad zur Arbeit fahren. Wenn der Weg zu kurz ist, können Sie ihn verlängern, indem Sie Umwege fahren. Ist Ihr Arbeitsweg zu weit, dann können Sie eine Teilstrecke mit öffentlichen Verkehrsmitteln fahren und den Rest mit dem Rad zurücklegen. Genauso können Sie auch zur Arbeit laufen. Wenn Sie auf der Arbeit keine Dusche haben, dann drehen Sie die Sache um. Fahren Sie morgens mit öffentlichen Verkehrsmitteln und laufen Sie abends nach Hause.

Trainieren Sie in der Mittagspause. Verzichten Sie einmal in der Woche auf das Mittagessen. In der Mittagspause ziehen Sie sich um und laufen im Park ein paar Runden. Das Mittagessen ersetzen Sie durch einen Salat und etwas Obst, das können Sie nebenbei am Arbeitsplatz zu sich nehmen. Wenn Sie keine Dusche im Büro haben, dann tut es zur Not auch das Waschbecken und ein Waschlappen. Vielleicht können Sie auch im Fitnessstudio nebenan duschen.

Trainieren Sie auf Zeit und nicht auf Strecke. Laufen Sie eine Stunde und nicht zehn Kilometer. Wenn Sie eine Stunde laufen, dann wissen Sie, wie lange es dauern wird: Genau eine Stunde. Laufen Sie stattdessen zehn Kilometer, dann können Sie nicht genau planen, wie lange das dauert.Es hängt von der Strecke ab, von Ihrem Trainingszustand, von Ihrer Tagesform und vom Pulsbereich.

Wenn Sie Strecken trainieren wollen, dann müssen Sie diese Strecken genau kennen oder beim Training vermessen. Das ist umständlich und schränkt sie ein. Wenn Sie auf Zeit trainieren, können Sie überall trainieren. Wenn Sie zum Beispiel auf einer Dienstreise sind und in einer unbekannten Stadt übernachten müssen, dann kann Sie das nicht davon abhalten, genau eine Stunde laufen zu gehen. Sie starten vor Ihrem Hotel, laufen eine halbe Stunde in eine beliebige Richtung und drehen dann um. Sie laufen eine halbe Stunde zurück, genau den Weg, den Sie gekommen sind – und schon haben Sie exakt eine Stunde trainiert.

Wenn Sie nach Zeit trainieren, werden Ihre Strecken abwechslungsreicher. Sie müssen nicht mehr immer dieselben Runden fahren oder laufen. Sie können die Strecken beliebig verändern. An jeder Straßenkreuzung haben Sie neue Möglichkeiten. Die einzige Bedingung ist, dass Sie sich den Weg merken.

Zum Schwimmen brauchen Sie eine Schwimmhalle oder einen See. Fahrradfahren und Laufen können Sie hingegen überall. Wenn Sie Zeit sparen wollen, dann sollten Sie immer dort laufen oder Rad fahren, wo Sie gerade sind. Wenn Sie erst mit dem Auto zu Ihrer Lieblingslaufstrecke fahren, dann kostet Sie das unnötig Zeit. Kostbare Zeit, die Sie lieber beim Training, auf der Arbeit oder bei Ihrer Familie verbringen sollten, als in der Gegend herum zu fahren. Starten Sie lieber direkt vor Ihrer Haustür. Sie sparen die Zeit gleich zweifach: Einmal für den Hinweg und einmal für den Rückweg. Wenn Sie auf einem Sportplatz laufen wollen, dann laufen Sie auch vorher hin und hinterher zurück. Lassen Sie das Auto stehen.

Das Jahr richtig einteilen
Wir werden das Jahr in Trainingsphasen einteilen. Jede Phase erfüllt einen bestimmten Zweck. Alle Trainingsphasen zusammen sorgen dafür, dass Sie auf den Punkt topfit sind. Am Renntag müssen Sie sportliche Höchstleistungen erbringen. Das ganze Trainingsjahr richtet sich auf diesen einen Tag aus.

Ihre Jahresplanung hängt also von einem einzigen Datum ab. Damit Sie planen können, müssen Sie sich eine Triathlonveranstaltung aussuchen, die Ihren Jahreshöhepunkt bilden soll. Das ganze Unternehmen dauert zwei Jahre. Im Vorbereitungsjahr ist Ihr Ziel ein Mitteldistanz-Triathon (2 - 80 - 20) oder ein Halb-Ironman. Im Langdistanz-Jahr ist die Langdistanz das Ziel.

Suchen Sie im Internet nach einem passenden Triathlon. Der Termin darf nicht früher als in einem Jahr sein. Suchen Sie sich einen attraktiven Ort aus. Sie werden Ihre Familie mitnehmen, schließlich brauchen Sie ein paar Fans an der Strecke, die Sie unterstützen, wenn es schwer wird. Sie müssen Ihren Fans etwas bieten. Wenn der Austragungsort ein touristisches Ziel ist, wo man auch ohne Triathlon gerne einmal ein Wochenende verbringen würde – dann liegen Sie damit genau richtig.

Lesen Sie Berichte von Teilnehmern aus den vergangenen Jahren. Wie gut ist die Organisation des Triathlons? Was gibt es zu beachten? Studieren Sie die Internetseite des Veranstalters. Gibt es Informationen zur Strecke? Für Ihre ersten Erfahrungen mit dieser Sportart wählen Sie eine leichte, flache Strecke. Es wird so oder so schwer genug. Ich empfehle Ihnen die kleineren Veranstaltungen. Die kleinen Triathlons werden meist noch mit Liebe organisiert. Alles ist viel persönlicher, ja geradezu familiär.

Mein erster Triathlon war die Mitteldistanz „Großer Spreewaldmann" im Süden Brandenburgs mit ungefähr 500 Teilnehmern. Die Strecke liegt im Spreewald, in einem Urlaubsgebiet mit vielen Hotels und einer einzigartigen Landschaft. Der zentrale Punkt der Strecke ist der Briesensee, ein Badesee. Optimale Bedingungen für meine Fans. Wir waren schon dreimal dort. Ein schönes Wochenende im Landhotel mit Sauna und Swimmingpool. Den Renntag verbringen die Zuschauer zwischen Badestrand, Strandcafé und Wettkampfstrecke. Abends gibt es leckeres regionales Essen im Hotelrestaurant.

Wenn Sie die passende Veranstaltung gefunden haben, müssen Sie schnell buchen. Vor allem die großen Veranstaltungen sind meist überlaufen und schon lange Zeit im Voraus ausgebucht. Das ist noch ein Grund, der für ein kleineres Rennen spricht. Buchen Sie auch gleich die Unterkunft dazu. Ein Triathlon ist ein Großereignis, oft sind an diesem Wochenende alle Hotels in der Umgebung schon weit im Voraus ausgebucht. Planen Sie mindestens zwei Übernachtungen, eine vor und eine nach dem Rennen.

Jetzt haben Sie einen Zieltermin. Planen Sie als nächstes Ihre Urlaubstermine. Sie können davon ausgehen, dass der Urlaub Ihr Training durcheinander bringt. Natürlich können Sie den Urlaub zum Trainingslager erklären – ich rate Ihnen jedoch ausdrücklich davon ab. Urlaub ist Urlaub – insbesondere dann, wenn Sie Familie haben. Machen Sie sich keine große Hoffnung, dass Sie Ihr Training wie geplant durchziehen können, ganz bestimmt kommt etwas dazwischen.

Vor meinem ersten Langdistanz-Versuch machten wir in Südfrankreich Urlaub. Es gab dort einen Stausee und ich hatte zwei Fahrräder dabei. So richtig trainieren konnte ich trotzdem nicht. Die Rettungsschwimmer passten genau auf, dass niemand zu weit hinaus schwamm. Es war derart heiß, dass man nur kurze Strecken laufen konnte. An einen langen Lauf war nicht zu denken. Die Hitze war auch beim Radfahren kaum zu ertragen. Den Wettkampf musste ich dann beim Laufen abbrechen. Der Urlaub in der direkten Vorbereitungsphase hatte seinen Anteil daran.

Wenn Sie im Sommer ein paar Wochen verreisen wollen, dann sollten Sie das *nach* dem Wettkampf tun. Wenn Sie sich auf zwei Wochen beschränken, dann können Sie den Urlaub auch vor dem Wettkampf einplanen. Verlängern Sie dann das Wettkampftraining um die Dauer des Urlaubs. Machen Sie das Beste aus Ihrem Urlaub. Verderben Sie sich nicht den Urlaub, indem Sie versuchen, Ihren Trainingsplan einzuhalten. Versuchen Sie das Ganze als eine zusätzliche Regenerationsphase anzusehen. Mit etwas Glück halten Sie Ihren Trainingszustand. Nehmen Sie sich Ihre Laufausrüstung mit. Laufen kann man fast überall, mit dem Radfahren ist es schon schwieriger. Wenn Sie am Meer oder an einem See Urlaub machen, dann können Sie vielleicht an Ihrer Schwimmtechnik arbeiten.

Jetzt können Sie das Jahr in verschiedene Phasen einteilen. Sie beginnen vom Wettkampftag aus rückwärts zu planen. Zuerst planen Sie die direkte Vorbereitung, das Wettkampftraining. Das Wettkampftraining dauert dreißig Wochen. Zählen Sie vom Tag X dreißig Wochen zurück und Sie haben den Beginn dieser Phase ermittelt.

Wenn Sie in dieser Trainingsphase Urlaub planen, dann verlängern Sie die Phase um die Dauer des Urlaubs. Ziehen Sie jetzt den Start des Wettkampftrainings noch ein bis zwei Wochen weiter vor. Falls Sie unerwartet krank werden oder eine kleinere Verletzung haben sollten, dann gerät Ihr Gesamtplan nicht gleich in Gefahr, wenn Sie etwas Sicherheitspuffer eingeplant haben.

Sie haben jetzt den Tag festgelegt, an dem die dreißig Wochen der direkten Vorbereitung beginnen. Die Zeit davor nutzen Sie für das Grundlagentraining. Im Winter planen Sie einen Ruhemonat ein, dafür eignet sich der November oder der Dezember. Damit steht der (grobe) Trainingsplan für ein Jahr.

Kalenderwoche	Trainingsphase
36 bis 43	Grundlagentraining
44 bis 47	Ruhemonat
48 bis 3 (Jahreswechsel)	Grundlagentraining
4 bis 13	Wettkampftraining
34 bis 35	2 Woche Sicherheitspuffer
Ende der Woche 35	Wettkampftag

Tabelle 2: Beispiel Jahresplanung

In vielen anderen Trainingsplänen werden Sie einen zusätzlichen Wettkampf finden, zum Beispiel eine olympische Distanz (1,5 - 40 - 10) im Vorbereitungsjahr und eine Mitteldistanz im Langdistanz-Jahr. Dieser zusätzliche Wettkampf soll als Test dienen und für zusätzliche Wettkampferfahrung sorgen. Mein Tipp: Verzichten Sie auf den zusätzlichen Wettkampf. Die Trainingsplanung ist schon so kompliziert genug. Es ist nicht so einfach, noch ein Rennen zu finden, das zum richtigen Zeitpunkt stattfindet. Die Teilnahme an einem Triathlon ist außerdem viel anstrengender, als Training. Sie werden sich von der Atmosphäre mitreißen lassen und viel schneller unterwegs sein als im Training. Sie haben dann zwar mehr Wettkampferfahrung, müssen aber ein paar Wochen Regeneration berücksichtigen, in denen Sie nicht richtig trainieren können.

Trainingsplanung
Lassen Sie mich eines noch einmal klarstellen: Es geht nicht ohne Planung. Die erfolgreiche Teilnahme an einem Langdistanz-Triathlon steht und fällt mit einer Trainingsplanung, die Sie Schritt für Schritt zum Ziel führt. Ich kann das ganz gut beurteilen. Bei meinem ersten Versuch hatte ich keine konkrete Planung. Ich habe so trainiert, wie ich Zeit und Lust hatte. Für die Mitteldistanz hat das noch ausgereicht, die Langdistanz konnte ich so nicht schaffen. Ich musste aufgeben.

Die meisten Trainingspläne, die Sie im Internet, in Zeitschriften oder in anderen Büchern finden, sind hoch kompliziert. Diese Pläne enthalten oft mehrere Trainingseinheiten für einen Tag. Neben den Ausdauereinheiten gibt es spezielle Einheiten für Kraft, Kraftausdauer und Technik. Diese Komplexität habe ich immer als abschreckend empfunden. Ich dachte immer, so kompliziert kann es doch gar nicht sein, es muss doch auch einen einfacheren Weg geben. Zumindest für Freizeitsportler, deren Ziel es ist, einmal im Leben über die Ziellinie zu laufen. Für Menschen mit Beruf und Familie, denen es nicht um eine persönliche Bestzeit oder um einen der vorderen Plätze geht.

Ich musste mühsam herausfinden, dass es nicht ganz ohne Plan geht. Es reicht nicht aus, nach Gefühl zu trainieren. Der Plan muss aber nicht hoch kompliziert sein. Ich habe für mich einen einfachen Plan entwickelt. Einen Plan, der sich auf das Wesentliche konzentriert. Mit diesem Plan können Sie vielleicht keine Bestzeit erzielen. Dieser Plan ist stattdessen praktisch umsetzbar und wird Sie sicher zum Ziel führen.

Mit der Jahresplanung haben Sie den ersten Schritt für Ihre Trainingsplanung gemacht. Sie könnten nun jeden einzelnen Monat, jede Woche und jeden Tag planen. Dann hätten Sie einen Plan für ein Jahr im Voraus.

Leider wäre Ihr Plan dann nicht viel wert. Sobald auch nur eine kleine Störung auftritt, sind Sie aufgeschmissen. Stellen Sie sich vor, Sie müssten eine Dienstreise unternehmen, oder Sie werden krank und müssen eine Woche aussetzen. Was machen Sie nun? Sie könnten einfach abwarten, bis die Störung vorüber ist und dann weiter nach Plan trainieren. Leider bauen die Trainingseinheiten in Ihrem Plan aufeinander auf. Wenn Sie einfach ein paar Steigerungen auslassen und gleich nach Schritt eins mit Schritt vier weitermachen, dann laufen Sie Gefahr, sich zu überfordern.

Wenn Sie heute einen Plan für das ganze kommende Jahr aufstellen wollen, dann können Sie außerdem noch nicht wissen, welche Termine Sie in Woche X haben. Vielleicht planen Sie am Sonntag einen langen Lauf. Sie können ja jetzt noch nicht wissen, dass Sie an diesem Sonntag in der Woche X zu einer Hochzeit eingeladen werden. Sie werden diesen Plan nicht ausführen können.

Die Lösung für dieses Problem ist einfach. Zuerst machen Sie nur die grobe Trainingsplanung. Wenn eine konkrete Trainingsphase beginnt, dann entwerfen Sie eine etwas genauere Planung für diese Phase. Sie planen dann die einzelnen Wochen der Trainingsphase. Jede Woche bekommt eine Aufgabe. Wenn Sie bei dieser Planung sind, dann kennen Sie schon viele Termine und können sie bei Ihrer Planung berücksichtigen.

Am Montag einer jeden Woche planen Sie das Training für jeden einzelnen Tag der Woche. Statt ein ganzes Jahr im Voraus, planen Sie nur eine Woche im Voraus. Sie können so flexibel auf kurzfristige Störungen reagieren. Wenn Sie es nicht schaffen, alle Trainingseinheiten einzuplanen, dann konzentrieren Sie sich zunächst auf die drei Schlüsseltrainings und verzichten auf die ergänzenden Trainingseinheiten.

Erinnern Sie sich an die Pinnwand, die Sie anschaffen sollten? Jetzt ist der Zeitpunkt gekommen, die Pinnwand zu benutzen. Teilen Sie die Pinnwand in sieben Bereiche ein.

Jahresplanung	Wochenplanung	Erledigt
Phasenplanung		Störungen
Erfahrungen		Informationen

Abbildung 1: Aufteilung Planungswand

Nehmen Sie einen Zettel aus Ihrer Zettelbox und schreiben Sie die wichtigste Planungsinformation darauf: Wann und wo werden Sie starten und über welche Distanz. Im ersten Jahr sieht Ihr Zettel zum Beispiel so aus:

> Mitteldistanz
>
> 2 - 80 - 20
>
> 11.09.2011

Hängen Sie den Zettel in den Bereich „Jahresplanung".

Für jede einzelne Trainingsphase, die Sie in der Jahresplanung beschlossen haben, für Grundlagentraining, Ruhemonat und Wettkampftraining schreiben Sie einen weiteren Zettel. Vermerken Sie auf dem Zettel den Namen der Trainingsphase, den Beginn und das Ende. Ein Zettel sieht dann zum Beispiel so aus:

> Grundlagentraining
>
> Beginn: 36. KW
>
> Ende: 44. KW

Hängen Sie diese Zettel ebenfalls in den Bereich Jahresplanung.

Haben Sie schon Ihre Pulsbereiche ermittelt? Nehmen Sie einen Zettel und schreiben Sie Ihren Maximalpuls und die daraus berechneten Pulsbereiche darauf. Eine Anleitung, wie Sie Maximalpuls und Pulsbereiche ermitteln, habe ich Ihnen im Kapitel Ausrüstung gegeben. Achten Sie darauf, dass die Trainingsbereiche beim Radfahren einen um 5 % verringerten Puls haben. Hängen Sie den Zettel in den Bereich „Informationen".

Zu Beginn einer Trainingsphase planen Sie die einzelnen Wochen der Phase. Wie das genau geht, erkläre ich Ihnen weiter unten. Jetzt müssen Sie nur wissen, das jede Woche einem bestimmten Zweck dient. Sie schreiben für jede Trainingswoche der aktuellen Trainingsphase einen Zettel und vermerken darauf, um welche Kalenderwoche es sich handelt und zu welchem Zweck sie dient.

An dieser Stelle kennen Sie sicher schon die wichtigsten beruflichen und privaten Termine und können sie bei Ihrer Planung berücksichtigen. Vielleicht sieht meine Trainingsplanung vor, drei Wochen aufbauend mit steigenden Umfängen zu trainieren. Danach folgt eine Woche Regeneration. Sie stellen jetzt fest, dass Sie in der dritten Woche, wo Sie den höchsten Umfang trainieren sollen, am Wochenende verreisen müssen. Dann planen Sie diese Störung mit ein. Verkürzen Sie die dreiwöchige Steigerung auf zwei Wochen. In der dritten Woche planen Sie die Woche Regeneration ein. Den nachfolgenden Block ziehen Sie eine Woche vor und verlängern ihn um eine Woche.

Zu Beginn einer jeden Trainingswoche planen Sie die einzelnen Tage der Woche. Im Folgenden erkläre ich Ihnen die verschiedenen Trainingseinheiten im Einzelnen. Danach gebe ich Ihnen einen Überblick über die Wochen in den Trainingsphasen. Jede Woche hat einen bestimmten Zweck. Zu jeder Woche gehört eine Anzahl von Trainingseinheiten mit einem bestimmten Umfang. Zahl und Umfang der Trainingseinheiten dienen dem Zweck, den die Woche erfüllen soll. Wenn Sie die Woche planen, kennen Sie die unterschiedlichen Trainingseinheiten. Sie wissen, wie viele Einheiten zu planen sind und welchen Umfang diese Einheiten haben.

Am Beginn der Woche wissen Sie sehr genau, welche beruflichen und privaten Termine in diese Woche fallen. Sie kennen auch die Termine Ihres Partners. Vielleicht sind auch Termine Ihrer Kinder zu beachten. All das können Sie berücksichtigen, wenn Sie die einzelnen Trainingseinheiten zu Wochentagen zuordnen. Schreiben Sie nun für jede Einheit einen Zettel, zum Beispiel so:

> Sonntag
>
> Laufen
> Puls: G1
> Dauer: 2 h
> Priorität: Hoch

Diese Zettel hängen Sie in den Bereich „Wochenplanung".

Wenn Sie eine Trainingseinheit absolviert haben, dann nehmen Sie den Zettel ab und hängen ihn in den Bereich „Erledigt". Wenn Sie eine Trainingswoche abschließen, nehmen Sie den entsprechenden Zettel aus dem Bereich „Phasenplanung" und hängen ihn ebenfalls in den Bereich „Erledigt". Genauso verfahren Sie mit den Zetteln für die Trainingsphasen. Das wird Ihnen Spaß machen. Sie können beobachten, wie Sie ein Fundament für Ihr Ziel errichten. Eine Basis aus erledigten Trainingseinheiten, Trainingswochen und Trainingsphasen sammelt sich an. Wenn Sie eine Magnetwand benutzen, dann schauen Sie im Internet nach sogenannten „Supermagneten" aus Neodym, damit können Sie den dicksten Zettelberg an der Magnetwand halten.

Wenn Ihnen die erledigten Zettel zu viel werden, nehmen Sie die Zettel von der Wand. Aber werfen Sie die Zettel nicht weg. Ich habe eine Blechdose, in der ich die Zettel aufbewahre. Wenn Sie jemals Zweifel daran haben sollten, ob Sie den Langdistanz-Triathlon schaffen – schauen Sie sich die Zettel an. Sehen Sie, wie viele kleine Schritte Sie gemacht haben. Sie haben eine solide Basis errichtet. Auf dieser Basis werden Sie auch den Langdistanz-Triathlon schaffen.

Manchmal kommt Ihnen vielleicht etwas dazwischen und Sie können nicht jeden Zettel in „Erledigt" hängen. Achten Sie darauf, dass Sie die Trainingseinheiten mit der höchsten Priorität schaffen. Wenn Sie nicht alle Trainingseinheiten erledigen können, dann opfern Sie die Einheiten mit niedriger Priorität zuerst. Trainingseinheiten, die Sie nicht schaffen, hängen Sie in den Bereich „Störung". Notieren Sie auf dem Zettel, warum Sie es nicht schaffen konnten. Was war die Störung? Konnten Sie nicht Schwimmen gehen, weil die Schwimmhalle geschlossen hatte? Konnten Sie nicht Radfahren, weil es regnete? Vielleicht konnten Sie nicht laufen, weil Sie Schmerzen in der Wade hatten?

Am Ende jeder Trainingswoche nehmen Sie sich etwas Zeit und überlegen Sie, welche Erfahrungen Sie gemacht haben. Nehmen Sie sich einen Zettel und schreiben Sie auf, was besonders gut lief, was Ihnen Freude gemacht hat, wo Sie gut vorangekommen sind. So ein Zettel kann zum Beispiel so aussehen:

> Kalenderwoche 21
> das war gut:
> - Neue Radstrecke entdeckt, wenig Verkehr
> - Zum ersten Mal in diesem Jahr im See geschwommen

Es ist motivierend, wenn man sich einen Moment zurücklehnt und darüber nachdenkt, welche positiven Erfahrungen man machen konnte. Nehmen Sie sich einen neuen Zettel und schreiben Sie darauf, was nicht so gut funktioniert hat. Wenn Ihnen nichts einfällt, dann schauen Sie auf die Störungen, die sie sich in der Woche notiert haben. Mussten Sie auf eine Trainingseinheit verzichten? Was war der Grund? Ihr Zettel sieht zum Beispiel so aus:

> Kalenderwoche 21
> das hat nicht funktioniert:
> - Langen Lauf abgebrochen, Schmerzen in der Wade
> - Ein Radtraining ausgelassen, Regen

Nehmen Sie sich einen dritten Zettel und schreiben Sie auf, was Sie verbessern können, damit Sie diese negative Erfahrung nicht noch einmal machen müssen. Hatten Sie schon öfter Probleme mit der Wade? Vielleicht ist es einfach nur eine Verspannung? Sind Ihre Laufschuhe stark abgenutzt und dämpfen nicht mehr richtig? Warum konnten Sie bei Regen nicht Rad fahren? Haben Sie sich noch kein Fitnessstudio gesucht? Dann hätten Sie sich auf das Fahrradergometer setzen können. Ihr Zettel sieht zum Beispiel so aus:

> Kalenderwoche 21
> so geht es besser:
> - Physiotherapie suchen, Termin für Massage machen
> - neue Laufschuhe kaufen
> - Fitnessstudio suchen

Hängen Sie die drei Zettel in den Bereich „Erfahrungen". Versuchen Sie gleich in der nächsten Woche ein paar von den Erfahrungen umzusetzen, die Sie gemacht haben. Wenn sich ein Problem häuft, wenn eine Störung mehrfach auftritt, dann suchen Sie dafür schnell eine Lösung, bevor es Ihren Plan in Gefahr bringt.

Diese Form der Trainingsplanung ist extrem motivierend. Hängen Sie die Pinnwand an einer Stelle auf, wo Sie gut sichtbar ist. Wählen Sie dafür einen Raum, in dem Sie sich oft aufhalten oder eine Stelle, an der Sie oft vorbeikommen. Sie haben so stets im Blick, was Sie geplant und was Sie schon erledigt haben und welche Erfahrungen Sie machen konnten. Mit einem Blick können Sie sehen, dass alles nach Plan läuft. Auch für Ihre Familie ist es hilfreich, wenn Ihre Planung „öffentlich" aushängt. Wenn Ihr Partner Termine mit Freunden vereinbart, dann kann er mit einem Blick auf Ihre Planung sehen, wann es gut passen würde. Ihre Familie kann sich darauf einstellen, ob eine Regenerationswoche ansteht, wo Sie viel Zeit haben, oder ob Sie sich in der dritten Woche einer Steigerung befinden, die mit einer langen Radfahrt und einem langen Lauf am Wochenende nur noch wenig Zeit für gemeinsame Aktivitäten übrig lässt.

Trainingsarten

Schwimmtraining

Die meisten angehenden Triathleten haben den größten Respekt vor dem Schwimmen – zu Unrecht. Schwimmen ist die erste Disziplin im Triathlon und sie ist gleichzeitig die kürzeste. Am Start sind Sie noch frisch und Sie verbringen wesentlich weniger Zeit im Wasser als auf dem Rad und beim Laufen. Es kommt also nicht darauf an, besonders schnell zu schwimmen. Das Wichtigste beim Schwimmen ist, dass Sie möglichst wenig Kraft einsetzen. Das betrifft vor allem Ihre Beine. Beim Radfahren und beim Laufen müssen Sie Ihre Beine einsetzen. Wenn Sie Kraul schwimmen, können Sie Ihre Arme nutzen, um die Hauptarbeit zu leisten. So schonen Sie Ihre Beine für die beiden anderen Disziplinen.

Das Einzige, was Sie beim Schwimmen trainieren müssen, ist ihre Technik. Sie müssen die Schwimmdistanz in der vorgegebenen Zeit schaffen und dabei möglichst kraftsparend schwimmen. Das geht nur mit einer guten Technik. Wenn Sie nicht in der Lage sind, die ganze Strecke ohne große Anstrengung zu schwimmen, dann liegt es definitiv an Ihrer Technik, nicht an der Ausdauer und nicht an der Kraft.

Sie werden vielleicht denken, dass Sie die Strecke nicht schaffen, weil Ihnen die Ausdauer fehlt. Wenn Sie für einen Langdistanz-Triathlon trainieren, dann enthält Ihr Training jede Menge Ausdauereinheiten im Laufen und im Radfahren, an der Ausdauer kann es also nicht liegen. Es gibt keine spezielle Schwimmausdauer. Wenn Sie beim Laufen und beim Radfahren ausdauernd sind, dann können Sie auch beim Schwimmen ausdauernd sein – vorausgesetzt die Technik stimmt.

Wenn Sie mir nicht glauben, dann versuchen Sie einmal sehr langsam zu schwimmen. Schwimmen Sie so langsam, dass Ihre Ausdauer reicht, um die Strecke zu bewältigen. Sie können beliebig langsam schwimmen, dürfen aber keine Pause machen. Wenn Sie es immer noch nicht schaffen, dann wissen Sie, dass es an der Technik liegt und nicht an der Ausdauer.

Sie schaffen die Strecke, wenn Sie sehr langsam schwimmen? Dann sollten Sie an Ihrer Technik arbeiten, um schneller zu werden. Wasser ist viel dichter als Luft. Der Widerstand, den das Wasser ihrem Körper entgegenstellt, ist sehr groß. Wenn Sie versuchen, mit mehr Krafteinsatz schneller zu schwimmen, steigt auch der Wasserwiderstand. Die Kraft verpufft einfach, wenn Sie keine gute Technik haben. Wenn Sie schneller schwimmen wollen, müssen Sie zuerst an Ihrer Technik arbeiten. Nur sehr gute Schwimmer mit einer perfekten Technik sollten an ihrer Kraft arbeiten.

Wenn Sie noch nicht Kraul schwimmen können, dann sollten Sie es jetzt lernen. Es ist die eleganteste Art, sich im Wasser vorwärts zu bewegen. Beim Kraulschwimmen können Sie Ihre Beine schonen. Wenn Sie Brust schwimmen, werden Ihre Beine schon angeschlagen sein, wenn Sie aufs Rad steigen. Brustschwimmen über lange Distanzen ist zudem nicht gut für die Knie, weil es die Gelenke quer zur Bewegungsrichtung belastet. Beim Brustschwimmen holt man den meisten Vortrieb aus den Beinen, beim Kraulschwimmen kann man die Arme einsetzen, um die Hauptarbeit zu leisten. Die Beine sind nebensächlich, sie stabilisieren den Körper im Wasser und helfen, ihn von einer Seite auf die andere zu drehen.

Suchen Sie sich einen Trainer und lassen Sie sich zeigen, wie man Kraul schwimmt. Als Trainer kommt jeder infrage, der es selbst kann. Ihr Trainer muss kein perfekter Kraulschwimmer sein. Es geht zunächst darum, dass Sie den Einstieg finden. Wenn Sie niemanden kennen, der es kann, dann geht es auch ohne Trainer. Gehen Sie in die Schwimmhalle und schauen Sie sich bei anderen ab, wie es geht. Suchen Sie im Internet nach Videos und Animationen in denen die Technik erklärt wird.

Achten Sie beim Armzug darauf, dass Sie den Arm nicht zu weit vor dem Körper ins Wasser eintauchen lassen. Der Arm ist noch angewinkelt und nicht ausgestreckt, wenn die Hand das Wasser berührt. Achten Sie darauf, dass Sie die Hand etwas außerhalb der Körperachse ins Wasser bringen. Wenn Sie über die Körperachse hinweg auf die andere Seite greifen, schwimmen Sie in einer Zickzacklinie.

Ihr Ellenbogen bleibt beim Armzug unter Wasser möglichst weit oben und vorn. Man spricht vom hohen Ellenbogen. Ihr Unterarm dreht sich unter Wasser um den Ellenbogen. Die

Hand überholt den Ellenbogen in der Bewegung nach unten und nach hinten. So nutzen Sie den ganzen Unterarm, um sich vom Wasser abzustoßen. Wenn Ihr Ellenbogen in der Bewegung nach unten und nach hinten voran gehen würde, dann würden Sie den Unterarm wirkungslos durchs Wasser ziehen und könnten sich nur mit der Hand abstoßen.

Ihr gesamter Körper dreht sich beim Schwimmen von einer Seite zur anderen. Die Drehung hat ihren Höhepunkt, wenn Sie den Arm eintauchen und dann unter Wasser fast ausstrecken um das Wasser zu fassen. Dann liegt Ihr Körper fast auf der Seite dieses Arms. Mit dem Armzug drehen Sie den Körper, rollen über die Mitte, bis Sie den anderen Arm eintauchen und strecken um Wasser zu fassen. Dann liegen Sie auf der anderen Seite. Die Drehbewegung kommt aus dem Bein. Während der eine Arm unter Wasser zieht, schlägt das gegenüberliegende Bein mit dem Unterschenkel in Richtung der Wasseroberfläche um den Körper zu drehen.

Der Kopf blickt während der Drehbewegung immer nach unten, Richtung Boden. Er dreht sich also entgegengesetzt zum Körper. Sie atmen dabei in das Wasser aus. Wenn Sie einatmen, dann drehen Sie den Kopf mit dem Körper. Wenn der Körper den Höhepunkt der Drehung erreicht hat, drehen Sie den Kopf über diesen Punkt hinaus in der Körperachse weiter und aus dem Wasser heraus. Atmen Sie jetzt ein und drehen Sie den Kopf dann wieder nach unten. Es ist wichtig, dass Sie den Kopf nicht anheben, sondern nur zur Seite aus dem Wasser herausdrehen. Wenn Sie den Kopf anheben, verlieren Sie die Wasserlage, ihre Hüfte und Ihre Beine sacken ab und Sie haben einen schlechteren Wasserwiderstand. Der Kopf muss immer in der Körperachse gehalten werden.

Am Anfang sollten Sie sich nicht allzu viele Gedanken über Ihre Beine machen. Das Wichtigste ist, dass die Beine das Gleichgewicht halten und die Drehung um die Körperachse unterstützen. Davon abgesehen müssen Ihre Beine im Wasserschatten ihres Körpers bleiben, um möglichst wenig Widerstand zu leisten. Wenn Sie schnell schwimmen wollten, müssten Sie den Beinschlag nutzen, um zusätzlichen Vortrieb zu erzeugen. Die großen Beinmuskeln verbrauchen aber viel Sauerstoff und Sie müssten viel atmen. Seien Sie lieber sparsam mit dem Beinschlag und konzentrieren Sie sich auf Ihre Wasserlage, einen sauberen Armzug und eine gute Atemtechnik.

Wenn Sie später den Beinschlag verbessern wollen, dann versuchen Sie einen Dreierschlag. Mit jedem Armzug machen Sie drei Beinschläge. Wenn Sie den einen Arm eintauchen und Wasser fassen, leiten Sie die Gegendrehung ein, indem Sie den Unterschenkel des gegenüberliegenden Beins in Richtung Wasseroberfläche bewegen. Während des Armzugs schlagen Sie mit dem Bein auf der Seite des Arms und am Ende des Armzugs noch einmal mit dem gegenüberliegenden Bein, um die Drehung zu Ende zu bringen.

Wenn Sie mit einem Arm Wasser fassen, können Sie den Kopf aus dem Wasser herausdrehen und kurz einatmen. Das Atmen ist das Schwierigste am Kraulschwimmen. Der Moment in dem Sie einatmen können ist sehr kurz. Zum Ausatmen haben Sie viel Zeit. Sie atmen unter Wasser kontinuierlich aus. Am Anfang werden Sie denken, Sie müssten die Luft anhalten, um mehr Auftrieb zu erzeugen. Machen Sie sich frei davon, sie können nicht untergehen. Ich zeige Ihnen weiter unten eine Übung, bei der Sie fast vollständig unter Wasser schwimmen und trotzdem genug Luft bekommen, wenn Sie denn Kopf zur Seite drehen.

Je langsamer Sie schwimmen, desto seltener müssen Sie einatmen. Ich empfehle Ihnen einen ungeraden Atemrhythmus. Wenn Sie bei jedem dritten oder bei jedem fünften Armzug einatmen, dann müssen Sie immer die Seite wechseln. Sie werden bald feststellen, dass Ihnen das Einatmen auf einer Seite leichter fällt, als auf der anderen Seite. Das ist ihre Schokoladenseite. Widerstehen Sie der Versuchung, bei jedem zweiten oder bei jedem vierten Armzug einzuatmen und nur noch Ihre Schokoladenseite zu benutzen. Sie schränken sich damit unnötig ein.

Wenn Sie auf beiden Seiten atmen können, dann hat das Vorteile im offenen Wasser. Beim Atmen können Sie sich zur Seite orientieren. Im offenen Wasser können Sie sich nicht an den Kacheln am Beckenboden ausrichten. Unter Ihnen ist meist nichts als undurchsichtiges, tiefes Wasser. Wenn Sie zur Seite blicken, dann sehen Sie dort das Ufer. Wenn Sie nur zu einer Seite atmen können, sind Sie darauf angewiesen, dass auf dieser Seite das Ufer näher ist, als auf der anderen.

Im Meer, aber auch auf einem See, können Sie Probleme mit dem Wellengang bekommen. Wenn die Wellen von Ihrer Schokoladenseite aus anrollen, dann sind Sie im Vorteil, wenn Sie auch zur anderen Seite einatmen können.

Ihr erstes Techniktraining besteht darin, es einfach zu probieren. Schwimmen Sie Kraul. Schwimmen Sie soweit Sie können. Am Anfang werden es nur wenige Meter sein. Wenn Sie nicht mehr können und fast ertrunken sind – brechen Sie den Versuch ab. Schwimmen Sie den Rest der Schwimmbahn als Brustschwimmer, damit Sie kein Hindernis bilden. Ruhen Sie sich am Beckenrand aus. Wenn Sie wieder bei Atem sind, versuchen Sie es erneut. Beobachten Sie sich beim Schwimmen. Verändern Sie den Schwimmstil und finden Sie heraus, was funktioniert und was nicht. Schauen Sie auf andere Schwimmer. Wie machen die das? Schauen Sie sich etwas ab. Probieren Sie es noch einmal. Um es noch einmal zu betonen: Es ist egal, wie viele Kilometer Sie in einer Trainingseinheit schwimmen. Ihre Ausdauer können Sie auf der Straße trainieren. Es kommt nur auf die Technik an. Also schwimmen Sie nicht Bahn um Bahn als Brustschwimmer. Ruhen Sie sich lieber kurz aus, damit Sie sich wieder ganz auf ihren nächsten Versuch konzentrieren können.

Wenn Sie Ihre Wasserlage verbessern wollen, dann üben Sie das Gleiten. Starten Sie vom Beckenrand. Stoßen Sie sich mit beiden Beinen ab und strecken Sie Ihren Körper. Drehen Sie sich auf eine Seite und bringen Sie auf dieser Seite den Arm ausgestreckt nach vorn. Den anderen Arm legen Sie am Körper an, die Hand an der Hüfte. Achten Sie darauf, dass Ihr Kopf in der Körperachse liegt. Stellen Sie sich vor, Sie wären ein Baumstamm. Versuchen Sie, möglichst weit zu gleiten. Die Übung wiederholen Sie auf beiden Seiten.

Stoßen Sie sich für die nächste Übung wieder mit den Beinen vom Rand ab. Nehmen Sie diesmal beide Arme nach vorn und strecken sie aus. Gleiten Sie nun mit dem Gesicht zum Beckenboden. Sie liegen flach und maximal gestreckt im Wasser. Gleiten Sie möglichst weit und möglichst geradeaus. Sie können mit den Beinen einen leichten Wechselschlag machen, um noch weiter zu gleiten.

Wiederholen Sie die Übung. Am Ende der Gleitbewegung machen Sie einen Armzug. Der andere Arm bleibt ausgestreckt. Während Sie den Armzug machen, drehen den Körper auf die Seite des ausgestreckten Arms. Drehen Sie den Kopf in der Körperachse und atmen Sie ein. Wiederholen Sie die Übung für beide Seiten.

Jetzt zeige ich Ihnen die Übung, die mir am meisten geholfen hat, meinen Schwimmstil zu verbessern. Ich hatte im Internet eine Menge über die Front-Quadrant-Technik gelesen und entsprechende Videos studiert. Eigentlich war es mein Ziel, diese Schwimmtechnik zu erlernen und so zu schwimmen wie ein Weltklasseschwimmer. Um es vorweg zu nehmen: Es ist mir nicht gelungen. Einen ganzen Urlaub lang habe ich im Meer und im Swimmingpool daran gearbeitet, nur um festzustellen, dass ich mit dieser Technik auch nicht schneller schwimmen kann, als mit der konventionellen „Windmühlentechnik". Im Gegenteil: Das, was *ich* daraus entwickelte, war noch langsamer.

Als ich wieder zu meinem gewohnten Schwimmstil zurückkehrte, konnte ich aber viel besser schwimmen als vorher. Meine Wasserlage hatte sich verbessert. Ich konnte die Wasserlage auch beim Einatmen halten ohne wegzusacken.

Gleiten Sie vom Rand aus. Stoßen Sie sich mit beiden Beiden ab und strecken Sie die Arme nach vorn. Das Gesicht blickt in Richtung Beckenboden. Machen Sie einen Armzug. Lassen Sie den anderen Arm dabei gestreckt. Am Ende des Armzugs führen Sie den Arm wieder nach vorn und legen Sie die Handfläche neben die andere vorn aufs Wasser. Jetzt ist der andere Arm am Zug. Machen Sie einen Armzug und führen Sie den Arm danach wieder nach vorn, sodass wieder beide Arme nach vorn ausgestreckt sind. Wiederholen Sie die Bewegung, drehen Sie dabei den Körper von einer Seite auf die andere. Die Drehung kommt aus den Beinen. Wenn beide Arme vorn nebeneinander sind, liegt der Körper flach im Wasser. Während des Armzugs dreht er sich auf die Seite. Wenn Sie atmen müssen, drehen Sie das Gesicht aus dem Wasser. Der Kopf bleibt im Wasser liegen. Die gesamte Schwimmbewegung ist sehr langsam und der Körper ist fast vollständig unter Wasser.

Ein anderes Techniktraining habe ich aus der Not heraus entwickelt. In der Schwimmhalle, in der ich trainierte, war es oft sehr voll. Ich musste mir die Schwimmbahn mit vielen anderen Schwimmern teilen. Jeder hatte seine eigene Geschwindigkeit. Ich konnte nicht zu meinem eigenen Rhythmus finden. Immerzu wurde ich überholt oder musste jemand anderen überholen. Um ein Stück freie Bahn zu haben, wartete ich am Beckenrand, bis vor mir mindestens eine halbe Bahn frei war. Dann schwamm ich, so schnell ich konnte, zur gegenüberliegenden Seite. Dort machte ich Pause am Beckenrand. Wenn ich mich wieder etwas erholt hatte und wieder eine halbe Bahn vor mir frei war, fing ich von vorn an.

Nach irgendeiner Gesetzmäßigkeit hängen alle Schwimmer in einer Bahn fast die ganze Zeit dicht hintereinander. Es gibt eine Art Stau, der sich nur langsam auflöst, weil das Überholen so schwierig ist. So hat man immer wieder eine halbe freie Bahn vor sich, wenn man am Beckenrand wartet.

Das schnelle Schwimmen über eine Bahn, so schnell wie möglich, wirkt sich positiv auf die Schwimmtechnik aus. Wenn man schnell schwimmt, hat man einen sehr großen Wasserwiderstand. Man spürt besonders stark, wo das Wasser Widerstand leistet. Der Körper erlernt ein besseres Wassergefühl und findet instinktiv heraus, wie er dem Wasser möglichst wenig Angriffsfläche bietet.

Dieses Intervalltraining hatte bei mir darüber hinaus noch eine interessante Nebenwirkung. Mein Körper entwickelte nicht nur ein besseres Wassergefühl sondern auch besonders große Mengen an Glückshormonen. Mein Hirn geriet in einen „angeregten Zustand", der eine Woche anhielt und mich beruflich und privat auf ein paar gute Ideen brachte. Probieren Sie es aus!

Bei einem Triathlon müssen Sie in einem See oder im Meer schwimmen. Das Schwimmen im offenen Wasser ist etwas ganz anderes, als in der Schwimmhalle. Sie sollten daher so oft wie möglich im offenen Wasser trainieren.

Das Hauptproblem ist die Orientierung. In der Halle können Sie bis zum Boden sehen. Das Wasser ist klar und unter Ihnen sind Kacheln. Beim Kraulschwimmen blicken Sie die meiste Zeit auf den Boden. Sie können sich an den Kacheln orientieren. Im offenen Wasser kann man selten bis zum Grund sehen. Selbst wenn Sie den Grund sehen können, auf die Dauer wird es schwer, die Richtung zu halten. Sie schwimmen nicht gerade und müssen immer wieder den Kurs korrigieren. Das macht die tatsächlich geschwommene Strecke viel länger und kostet viel Kraft und Zeit.

Für eine bessere Orientierung müssen Sie lernen, beim Atmen kurz nach vorn zu blicken. In der Halle haben Sie das vermieden, um nicht aus dem Rhythmus zu kommen. Wenn Sie den Kopf heben, verschlechtert das auch die Wasserlage. Es geht aber nicht anders. Lernen Sie bei jedem zweiten oder bei jedem vierten Einatmen kurz den Kopf zu heben und nach vorn zu blicken. Erst atmen Sie wie gewohnt zur Seite ein. Statt den Kopf danach wieder nach unten zu drehen, heben Sie ihn kurz an, schauen nach vorn und tauchen den Kopf erst dann wieder ins Wasser. Zusätzlich können Sie sich beim normalen Atmen zur Seite hin orientieren.

Viele Menschen haben Angst, in tiefem Wasser zu schwimmen. Sie sollten diese Angst schon im Training überwinden. Wenn Sie immer nur in der Halle trainieren, werden Sie vielleicht im Wettkampf von der Angst überrascht. Das sollten Sie vermeiden.

Wenn Sie einen Wettkampf geplant haben, bei dem die Schwimmstrecke im Meer oder in einem großen See liegt, sollten Sie sich auf Wellengang vorbereiten. Trainieren Sie so oft wie möglich unter den Bedingungen, die Sie im Wettkampf erwarten.

Dazu gehört auch, dass Sie ab und zu im Neoprenanzug trainieren. Sie werden dafür schnell einen etwas abgewandelten Schwimmstil entwickeln. Der Neoprenanzug bietet einen angenehmen Auftrieb. Ihre Wasserlage ist mit Neopren viel höher und auch viel stabiler. Die Beine schwimmen deutlich leichter oben und Sie müssen kaum noch Beinbewegungen machen. Beim Ausstrecken der Arme müssen Sie das Neopren mit jedem Armzug etwas dehnen. Das führt normalerweise dazu, dass Sie die Arme schon etwas früher eintauchen und nicht so weit nach vorne bringen, wie beim Schwimmen ohne Neoprenanzug, das macht aber nichts. Insgesamt wird der Anzug dazu beitragen, dass Sie viel schneller schwimmen. Wenn Sie den Neoprenanzug ab und zu im Training einsetzen, hat das auch den Vorteil, dass Sie mehr Übung im An- und Ausziehen bekommen.

Radtraining

Rad fahren ist die zweite Disziplin im Triathlon. Beim Langdistanz-Triathlon müssen Sie 180 km weit fahren. Das ist eine sehr weite Strecke und es dauert sehr lange. Den größten Teil der Zeit, die Sie für die Langdistanz brauchen, verbringen Sie auf dem Fahrrad. Damit Sie das schaffen und danach auch noch einen Marathon laufen können, müssen Sie vor allem eines trainieren: Ausdauer.

Lange Radfahrten sind die entscheidende Trainingsform im Radtraining. Trainieren Sie mit Pulsuhr und stellen Sie sicher, dass Sie im anvisierten Pulsbereich bleiben. Fahren Sie nicht zu schnell. Sie müssen Ihre Grundlagenausdauer trainieren. Wenn Sie zu schnell fahren, trainieren Sie Kraftausdauer. Das ist auch nicht schlecht, aber für ein so langes Rennen brauchen Sie vor allem Grundlagenausdauer, also sollten Sie auch genau das trainieren.

Ganz ohne Kraftausdauer geht es aber auch nicht. Es gibt ein paar Situationen im Rennen, wo Sie etwas Kraftausdauer gut gebrauchen können. An Steigungen oder auf Teilstrecken mit starkem Gegenwind müssen Sie ein paar Minuten mit mehr Kraft fahren. Wenn Sie eine schwache Kraftausdauer haben, erholen Sie sich nur langsam von diesen Anstrengungen. Wenn die Strecke viele kurze Anstiege enthält, kann das auf die Dauer sehr ermüdend sein.

Aber auch ohne Steigung und ohne Wind von vorn können Sie von einer guten Kraftausdauer profitieren. Wenn Sie einen anderen Fahrer überholen müssen, brauchen Sie dafür auch etwas Spurtkraft. Beim Langdistanz-Triathlon ist es verboten, im Windschatten zu fahren. Sie müssen den anderen Fahrer zügig und in einem weiten Bogen überholen. Das kostet kurzfristig Kraft. Sie müssen beschleunigen und mit einer wesentlich höheren Geschwindigkeit vorbeiziehen, um den Überholvorgang schnell abzuschließen. Erst danach können Sie wieder zu ihrem Renntempo zurückkehren.

Die notwendige Kraftausdauer können Sie trainieren, indem Sie ein paar kurze, schnelle Intervalle in die langen langsamen Radfahrten einbauen. Am besten heben Sie sich diese Übungen für die zweite Hälfte der Ausfahrt auf. Fahren Sie fünfmal eine Minute mit erhöhter Geschwindigkeit. Zwischen den Intervallen lassen Sie sich ausrollen und treten nur langsam. Wenn sich der Puls wieder normalisiert hat, beschleunigen Sie wieder. Wenn Sie Übung darin haben, können Sie die Intervalle auch verlängern und dreimal zwei Minuten, zweimal drei Minuten oder einmal fünf Minuten Gas geben. Aber übertreiben Sie es nicht. Das Wichtigste bleibt das Ausdauertraining.

Neben Ausdauer und Kraft müssen Sie auch auf die richtige Technik achten. Die Strecke ist sehr lang. Sie können sich nicht nur auf die Ausdauer allein verlassen. Sie müssen mit Ihrer Kraft so effizient wie möglich umgehen. Das schaffen Sie mit der richtigen Technik, mit dem runden Tritt und mit einer hohen Trittfrequenz.

Für den runden Tritt müssen Sie versuchen, in jeder Phase der Tretbewegung möglichst gleichmäßig Kraft auf die Pedale zu bringen. Treten Sie nicht nur nach unten, drücken Sie das Pedal oben nach vorn. Unten wird das Pedal leicht nach hinten gezogen und dann nach oben. Dabei kommt die Hauptarbeit natürlich auch beim runden Tritt aus der Abwärtsbewegung.

Konzentrieren Sie sich ab und zu auf die Tretbewegung und arbeiten Sie an einem möglichst runden, gleichmäßigen Tritt.

Ihre Muskeln halten die Dauerbelastung besser aus, wenn Sie mit einer hohen Trittfrequenz fahren. Sie müssen dafür einen leichteren Gang einlegen. Mit einem leichteren Gang brauchen Sie weniger Kraft aber eine höhere Trittfrequenz, um die Geschwindigkeit zu halten. Sie sollten beim Radtraining darauf achten, mit einer relativ hohen Trittfrequenz zu fahren. Das ist am Anfang vielleicht ungewohnt und funktioniert auch nicht gleich so gut. Ohne die notwendige Routine kommt Unruhe in den Bewegungsablauf. Wenn Sie sehr schnell treten, können Sie dabei nicht mehr ruhig auf dem Sattel sitzen.

Sie können den Bewegungsablauf verbessern, indem Sie ab und zu eine kurze Strecke mit einem sehr leichten Gang fahren. Treten Sie dabei so schnell wie möglich. Der bessere Bewegungsablauf ermöglicht es Ihnen, im runden Tritt bei höheren Trittfrequenzen zu fahren und Kraft zu sparen.

Von Zeit zu Zeit sollten Sie ein Techniktraining der ganz besonderen Art einlegen. Was nutzt Ihnen Ausdauer, Kraft und der runde Tritt, wenn Sie keinen Schlauch wechseln können? Machen Sie sich mit der Sache vertraut. Selbst wenn Sie Antiplatt benutzen – was ich Ihnen dringend empfehle – kann es immer noch zu einer Reifenpanne kommen. Sie werden im Rennen alles dabei haben, um die Panne zu beheben, einen Ersatzschlauch, einen Faltreifen, Reifenheber und eine Luftpumpe. Das alles ist nutzlos, wenn Sie nicht damit umgehen können. Üben Sie einmal im Monat den Ernstfall. Sie werden schon bald routiniert und in kurzer Zeit einen neuen Schlauch montieren können. Ein paar Monate vor dem Rennen sollten Sie aber damit aufhören, das Risiko ist zu groß. Sie müssen sicher gehen, dass Ihr Rad funktioniert, also ändern Sie kurz vor dem Rennen möglichst nichts mehr daran.

Der Triathlon endet nicht mit dem Radfahren. Wenn Sie es nicht gewohnt sind, wird es Ihnen Schwierigkeiten bereiten, nach einer langen Radfahrt zu laufen. Der erste Kilometer wird besonders schwer. Die Muskeln sind durch das Radfahren vorbelastet und müssen sich erst umstellen. Sie können diese Umstellung üben. Nutzen Sie die langen Trainingseinheiten dafür. Nach jeder langen Radfahrt sollten Sie das Rad möglichst schnell abstellen und die Laufschuhe anziehen. Laufen Sie mindestens einen Kilometer. Sie werden sich daran gewöhnen, wie schwer sich das anfühlt. Im Rennen wissen Sie dann, was Sie erwartet und Sie wissen vor allem, dass es vorübergeht.

Sie sollten einen möglichst großen Teil Ihres Radtrainings auf dem Rennrad absolvieren. Sie müssen sich an die Sitzposition gewöhnen. Nur wenn Sie lange Strecken in der Aeroposition fahren, werden Sie die günstigste Einstellung von Sattel, Lenker und Vorbau herausfinden. Auf der Straße können Sie zudem besonders gleichmäßig trainieren und den optimalen Pulsbereich halten.

Sie werden jedoch an Grenzen stoßen. Es wird Situationen geben, wo es sich lohnt, auf das Mountainbike umzusteigen. Für mich war hauptsächlich der Straßenverkehr entscheidend. Um aus der Stadt herauszukommen, muss ich auf stark befahrenen Straßen fahren. Ich muss erst sehr weit fahren, ehe ich auf eine ruhige Nebenstrecke ausweichen kann. Am Ende der Runde, auf dem Weg nach Hause, komme ich dann wieder in den dichten Autoverkehr. Das ist nicht nur nervig, es ist auch gefährlich. Man kann nicht mit der Rücksicht der Autofahrer rechnen. Man kann sich darauf verlassen, dass die Autos beim Überholen zu wenig Abstand lassen und dass einem ab und zu die Vorfahrt genommen wird.

Hier hat mir das Mountainbike sehr geholfen. Mit dem Mountainbike kann man auch auf schlechten Radwegen, schlechten Straßen, auf Feldwegen und durch den Wald fahren.

Das eröffnet ganz neue Möglichkeiten jenseits der stark befahrenen Straßen. Das Radfahren macht wieder Spaß. Nicht nur, weil man dem Autoverkehr ausweichen kann. Es ist auch viel spannender, wenn man sich neue Wege suchen kann. Das macht viel mehr Spaß, als immer wieder auf der selben Straße aus der Stadt herauszufahren.

Wenn Sie mit dem Mountainbike fahren, können Sie den Pulsbereich nicht so gut halten, wie auf dem Rennrad. Weil die Strecken vielfältiger sind, können Sie nicht so gleichmäßig fahren. Wählen Sie den Pulsbereich etwas größer, das Training ist dann zwar nicht ganz optimal aber dafür etwas abwechslungsreicher.

Das Mountainbike kann Ihnen auch im Winter gute Dienste leisten. Lassen Sie Ihr gutes Rennrad im Keller, wenn draußen Salz auf die Straßen gestreut wird! Stattdessen können Sie mit dem Mountainbike abseits der großen Straßen trainieren.

Bei Schnee und Eisglätte geht aber auch das nicht mehr. Wenn es sehr kalt ist, macht es ohnehin kaum Spaß, mit dem Rad unterwegs zu sein. Man bekommt kalte Hände, kalte Füße und auch im Gesicht kann der kalte Fahrtwind sehr unangenehm werden. Dann bleibt nur noch das Radergometer im Fitnessstudio als letzte Möglichkeit. Auf dem Radergometer kann man sehr effektiv trainieren. Ein gleichmäßiges Training im optimalen Pulsbereich ist hier problemlos möglich. Bei schlechtem Wetter oder auch bei Dunkelheit ist das Radergometer daher immer eine gute Wahl.

Lauftraining

Das Laufen ist die letzte Disziplin beim Triathlon. Bei einer Langdistanz müssen Sie zum Schluss einen ganzen Marathon laufen. Wenn Sie schon einmal einen Marathon gelaufen sind, können Sie sich in ungefähr vorstellen, was da von Ihnen verlangt wird. Bei einer Langdistanz müssen Sie vor dem

Marathon 3,86 km schwimmen und 180 km Rad fahren, bevor Sie die 42,195 km laufen können. Das klingt zunächst unvorstellbar. Ganz so schwer ist es aber zum Glück nicht.

Wenn Sie Ihre Kräfte auf dem Rad geschont haben, dann wird es auch noch für den Marathon reichen. Natürlich können Sie nicht erwarten, dass Sie einen ganz normalen Marathon laufen können. Ein Triathlon dauert länger als die Summe der Bestzeiten in den drei Disziplinen. Sie müssen sich viel mehr Zeit für den Lauf nehmen, als wenn Sie nur laufen würden.

Meine Marathonbestzeit liegt bei 4 Stunden und 13 Minuten. Für den Marathon beim Ostseeman brauchte ich 5 Stunden und 21 Minuten. Einen reinen Marathon kann ich mit 10 km/h laufen. Wenn ich davor 180 km mit dem Rad unterwegs war, schaffe ich keine 8 km/h, muss ich auch nicht. Beim Ostseeman wollte ich einfach nur ankommen. Wenn ich schneller gelaufen wäre, hätte ich sicher bald Probleme bekommen.

Beim Lauftraining kommt es also vor allem auf Ausdauer an. Schnelligkeit ist nicht so wichtig. Der beste Weg zu mehr Ausdauer sind lange, langsame Läufe. Nehmen Sie die Pulsuhr mit und bleiben Sie im Pulsbereich GA1. Es kann gut sein, dass Sie am Anfang denken, Sie würden auf der Stelle treten. Es ist möglich, dass Ihr GA1-Pulsbereich bei einer Laufgeschwindigkeit liegt, die so langsam ist, dass Sie gehen könnten. Das bedeutet nicht, dass der Pulsbereich zu niedrig ist. Es bedeutet nur, dass Ihre Ausdauer noch nicht ausreichend trainiert ist, um schneller zu laufen.

Versuchen Sie so lange wie möglich im richtigen Pulsbereich zu laufen. Wenn Sie schon länger als zwei Stunden unterwegs sind und dann geht der Puls hoch, obwohl Sie nicht schneller laufen, dann hat das etwas mit Ihrer Stoffwechsellage zu tun. Wenn der Vorrat an Kohlenhydraten zur Neige geht, stellt sich Ihr Stoffwechsel noch stärker auf Fettverbrennung um. Für die Fettverbrennung brauchen Sie mehr Sauerstoff als für die Verbrennung von Kohlenhydraten. Ihre Atmung geht schneller und Ihr Herz muss mehr leisten, um mehr Sauerstoff über das Blut in die Muskeln zu pumpen. In diesem Fall können Sie den Pulsbereich nicht halten und müssen einen höheren Puls in Kauf nehmen.

Lange Läufe trainieren gleichzeitig verschiedene Geschichtspunkte Ihrer Ausdauerfähigkeit. Sie trainieren im GA1-Pulsbereich, um Ihre Grundlagenausdauer zu verbessern. Eine bessere Grundlagenausdauer bedeutet, dass Sie mit weniger Kohlenhydraten auskommen und mehr Fett verbrennen. Die reine Grundlagenausdauer könnten Sie aber auch auf dem Rad trainieren, dazu bräuchten Sie keine langen Läufe. Ein wesentlicher Punkt ist die Belastbarkeit der Muskeln, der Sehnen, der Knochen und der Gelenke. Laufen ist mit hohen Belastungen verbunden. Bei jedem Schritt geht ein Stoß durch den ganzen Körper. Ihre Füße, Knie, Hüften und Bandscheiben müssen diesen Stoß dämpfen.

Durch lange Läufe entwickeln Ihre Muskeln und Sehnen eine Struktur, die den Belastungen eines Marathonlaufes gewachsen ist. Es dauert sehr lange, bis sich diese Struktur bildet. Es geht viel schneller, Herz und Kreislauf zu trainieren. Auch Ihre Muskeln werden schnell die notwendige Kraft aufbringen und ausdauernd arbeiten können. Für die innere Struktur der Muskeln und Sehnen braucht es aber viel Zeit. Sie benötigen diese Struktur, um den Marathonlauf ohne dauerhafte Schäden zu überstehen. Das ist auch einer der Gründe, warum Sie sich mindestens zwei Jahre Zeit nehmen sollten, um auf einen Langdistanz-Triathlon zu trainieren.

Wenn Sie sehr lange langsam trainieren, dann werden Sie langsamer. Sie können dann nicht mehr so schnell laufen, auch nicht über kürzere Strecken. Ihre Ausdauer steigt, aber Ihre Fähigkeit, schnell zu laufen, geht verloren. Sie können Ihre

Muskeln entweder auf Schnellkraft trainieren, oder auf Ausdauer, beides gleichzeitig geht nicht.

Das langsame Laufen wirkt sich auch negativ auf Ihren Laufstil aus. Sie werden einen sehr flachen Laufstil entwickeln, bei dem Sie die Füße nur noch wenig vom Boden abheben. Um nicht zu viel Schnelligkeit einzubüßen und um den Laufstil einigermaßen elegant zu halten, können Sie in Ihre langen Läufe ein paar kurze schnelle Intervalle einbauen. Laufen Sie zum Beispiel fünfmal eine Minute mit einer hohen Geschwindigkeit. Zwischen den Intervallen laufen Sie sehr langsam, oder gehen Sie etwas. Nach einer Minute Ruhe starten Sie dann das nächste Intervall. Verändern Sie die Intervalle ab und zu. Laufen Sie zum Beispiel dreimal zwei Minuten schnell oder einmal fünf Minuten.

Es macht einen Unterschied, ob Sie auf Asphalt oder auf einem Waldweg laufen. Oft wird behauptet, ein Waldweg würde weicher sein und das Laufen auf Asphalt oder Beton wäre nicht gut für die Gelenke. Bei den heutigen Laufschuhen spielt das aber keine so große Rolle mehr. Die Schuhe übernehmen die Dämpfung, auch wenn Sie auf Asphalt unterwegs sind. Auf einem Waldweg gibt es starke Unebenheiten. Die Stöße, die aus diesen Unebenheiten resultieren, sind viel stärker als die auf Asphalt. Da hilft auch der weiche Boden nicht viel.

Asphalt oder Beton sind „ehrliche" Untergründe. Hart, aber fair. Es gibt keine unerwarteten Wurzeln, Steine, Schlaglöcher und Bodenwellen. Ein ebener Untergrund eignet sich besonders gut für die letzten Kilometer von langen Läufen. Wenn Sie über eine lange Strecke langsam laufen, dann wird Ihr Schritt immer flacher. Wenn die Kräfte nachlassen, können Sie die Füße nicht mehr hoch genug heben, um über Wurzeln zu springen. Dann ist ein ehrlicher Untergrund besser als der schönste weiche Waldboden.

Sie sollten aber nicht ausschließlich auf Asphalt oder Beton laufen. Achten Sie beim Untergrund auf Vielfalt. Laufen Sie nicht immer die gleiche Strecke. Wenn Sie ab und zu im Gelände laufen, oder wenigstens auf einem Park-, Feld- oder Waldweg, dann stärkt das Ihre Muskulatur. Auf ebenem Untergrund kommen Ihre Füße immer auf exakt die gleiche Weise auf dem Boden auf. Diese Monotonie schwächt Ihre Muskulatur. Weil die Belastung so einseitig ist, kann es auf Dauer zu Verletzungen durch Überlastung kommen. Wenn Sie ab und zu auf einem unebenen Untergrund laufen, stärkt und lockert das die Beine.

Bei den kürzeren Läufen können Sie nebenbei das Lauf-ABC trainieren. Laufen Sie ein paar Meter rückwärts, seitwärts und im Hopserlauf. Ziehen Sie hinten bei jedem Schritt die Fersen hoch bis zum Po und dann laufen Sie im Kniehebelauf. Zwischen den einzelnen „Gangarten" laufen Sie immer ein paar Meter normal. Mit dem Lauf-ABC können Sie Ihre Koordination verbessern und ihre Muskeln lockern.

Regeneration

Im Training fordern Sie Ihren Körper. Sie überfordern Ihn gezielt, indem Sie etwas über das Maß hinausgehen, dass Ihr Körper gewohnt ist. Den Trainingsfortschritt erzielen Sie aber nicht im Training, sondern danach, in der Regeneration. Dann bereitet sich Ihr Körper darauf vor, die nächste Belastung ohne Überforderung zu überstehen. Kleine Defekte an den Muskelfasern werden behoben. Die Glykogenspeicher werden aufgefüllt. Ihr Herz wird größer. Ihre Muskeln werden kräftiger und ausdauernder. Ihr Hirn speichert die erlernten Bewegungsmuster ab. Das alles geschieht nicht im Training, sondern nach dem Training oder zwischen den Trainingseinheiten.

Es gibt keinen Trainingsfortschritt ohne Regeneration. Wenn Sie immerfort mit steigender Intensität und steigendem Umfang trainieren, dann lässt Ihre Leistungsfähigkeit sogar nach. Wenn Sie sich zwischendurch regenerieren, dann kann sie wachsen.

In der Trainingsplanung werden Sie Zeit für die Regeneration einplanen. Einmal pro Woche gibt es einen Ruhetag. Nach drei Wochen Steigerung folgt eine Woche regeneratives Training mit verkürzten Umfängen. Einmal im Jahr planen Sie einen Ruhemonat.

In der direkten Vorbereitung auf den Wettkampf werden Sie sehr viel trainieren. Unterstützen Sie die Regeneration Ihrer Muskeln durch eine Ganzkörpermassage, mindestens einmal pro Woche. Suchen Sie sich dafür einen guten Masseur oder Physiotherapeuten, jemanden, der sich mit dem menschlichen Körper auskennt und Erfahrung hat. Wenn Sie Probleme bekommen, wenn Sie Zerrungen haben, Gelenke oder Sehnen schmerzen, können Sie sich während der Massage beraten lassen, was Sie dagegen tun können.

Durch das Training verkürzen sich die Muskeln. Die Beweglichkeit lässt nach. Wirken Sie dem entgegen, indem Sie sich regelmäßig dehnen. Finden Sie heraus, wann für Sie der richtige Zeitpunkt dafür ist. Oft wird empfohlen, direkt nach dem Training zu dehnen. Wenn Sie einen langen Lauf hinter sich haben, schmerzen aber die Muskeln. Für mich ist das nicht der richtige Zeitpunkt für Dehnungsübungen. Ich dehne zwischen den Trainingseinheiten, während der Regeneration. Manchmal ist es auch gut, im Training eine Dehnungspause einzulegen. Manchmal muss ich beim Laufen anhalten und alle Muskeln um das Knie herum dehnen, weil ich das Gefühl habe, das der Bewegungsablauf im Gelenk gestört ist. Nach der Dehnung läuft es sich dann besser.

Über das Dehnen gibt es nur wenig Einigkeit bei den Experten. Manche empfehlen ein Halten der gedehnten Position, andere eine federnde Bewegung. Ich persönlich bin mit dem kurzen Federn besser klargekommen als mit dem Halten. Es gibt Vermutungen, dass ein längeres Halten der gedehnten Position zu einer Gegenbewegung im Muskel führt. Der Muskel wehrt sich gegen die Dehnung, um eine Überdehnung zu vermeiden. Mit kurzen, federnden Bewegungen kann man den Muskel wohl überlisten.

Das Laufen belastet die Gelenke und die Sehnen am stärksten. Für die Regeneration reicht es nicht immer aus, einfach eine Pause einzulegen. Wenn man sehr viel und sehr weit läuft, können regenerative Läufe helfen, die Belastung zu verkraften. Das sind kurze, langsame Läufe auf einem möglichst weichen Untergrund. Um die Füße zu entspannen, kann man dabei barfuß laufen. Das geht zum Beispiel im Sand am Strand oder auf dem Sportplatz auf Rasen. Eine Alternative sind die „Free"-Laufschuhe von Nike, die das Barfußlaufen simulieren. Die Schuhe haben eine hoch flexible Sohle ohne stabilisierende Elemente.

Wenn Sie viel trainieren, werden Sie auch viel Schlaf brauchen. Sie können gut und gerne mit einer Stunde pro Nacht rechnen, die Sie zusätzlich schlafen müssen. Das wird Ihren Zeitplan zusätzlich belasten. Neben Beruf, Familie und Training müssen Sie jetzt auch noch eine zusätzliche Stunde Schlaf einplanen. Aber ohne ausreichenden Schlaf geht es nicht. Nur wenn Sie gut erholt sind, werden Sie motiviert in das nächste Training gehen und effektiv trainieren können.

Und sonst noch

Sie wissen jetzt, was Sie beim Schwimm-, Rad- und Lauftraining und bei der Regeneration beachten sollten. Aber das ist noch nicht alles. Es gibt noch ein paar Dinge, die Sie zusätzlich trainieren sollten.

Im Koppeltraining, wenn Sie nach einer langen Radfahrt noch ein paar Kilometer laufen, lernen Sie schon eine Menge über Wechsel. Sie müssen vom Rad steigen und zumindest die Schuhe wechseln. Vielleicht wollen Sie auch die Radhose gegen eine Laufhose eintauschen. Probieren Sie, das alles möglichst schnell zu erledigen. Dann haben Sie in ungefähr das Gleiche trainiert, was Sie später in der Wechselzone erwarten wird.

Jetzt müssen Sie nur noch den Wechsel vom Schwimmen aufs Radfahren trainieren. Hier geht es weniger darum, wie Ihre Muskeln auf den Wechsel reagieren. Die Schwierigkeit liegt darin, den Neoprenanzug auszuziehen und die Radbekleidung anzuziehen. Probieren Sie es aus, es ist gar nicht so einfach, ein eng anliegendes Trikot anzuziehen, wenn die Haut noch nass ist. Wenn Sie im Sommer im Neoprenanzug im offenen Wasser trainieren, dann nutzen Sie diese Gelegenheit, um auch gleich den Wechsel zu trainieren. Nehmen Sie die Radbekleidung mit an den Strand. Denken Sie an ein Handtuch zum Unterlegen und an ein Handtuch zum Abtrocknen. Vergessen Sie nicht die Radschuhe. Wenn Sie aus dem Wasser kommen, dann probieren Sie, sich so schnell wie möglich umzuziehen. Ziehen Sie den Neoprenanzug aus und legen Sie dann die komplette Radausrüstung an, mit Helm und Sonnenbrille. Wenn Sie das ein paarmal geübt haben, dann wird es Ihnen am Renntag leichter fallen.

Bei jedem Triathlon verbrauchen Sie Unmengen von Energie. Ein Langdistanz-Triathlon kostet Sie ungefähr 9.000 kcal! Die Kohlenhydrate, die Sie in den Glykogenspeichern der Muskeln und in der Leber gespeichert haben, reichen gerade einmal für einen Bruchteil der Strecke aus. Selbst wenn Sie mehr als die Hälfte der Energie aus Körperfett gewinnen können, reichen die Kohlenhydrate nicht aus, um die gesamte Strecke zu absolvieren. Sie reichen noch nicht einmal für den Marathon, und der ist nur eine der drei Disziplinen. Um die Glykogenspeicher zu schonen, müssen Sie während des Rennens kontinuierlich Kohlenhydrate zu sich nehmen. Leicht verdauliche Kohlenhydrate, wie sie in Energieriegeln und Gels enthalten sind, sorgen dafür, dass Ihr Blutzuckerspiegel während des Wettkampfes gleichmäßig hoch bleibt, ohne dass die Speicher entleert werden müssen.

Sie müssen die Wettkampfernährung schon im Training ausgiebig testen. Es geht nicht so sehr darum, ihren Körper an die Riegel, Gels und Getränke zu gewöhnen. Sie müssen die Ernährung nicht trainieren, Sie müssen nur Erfahrung damit sammeln. Nicht jede Wettkampfnahrung ist für jeden gleich bekömmlich. Manche Produkte werden Ihnen besser schmecken als andere. Für den Wettkampf müssen Sie eine Ernährungsstrategie entwickeln, die auf Ihre persönlichen Bedürfnisse zugeschnitten ist. Im Kapitel Wettkampf gehe ich ausführlich darauf ein. Nutzen Sie die langen Radfahrten und die langen Läufe, um Ihre persönliche Ernährungsstrategie zu testen und weiterzuentwickeln. Finden Sie heraus, was für Sie persönlich am besten funktioniert und lernen Sie den Umgang mit der Nahrung. Es ist nicht ganz leicht, beim Radfahren eine gut verschweißte Verpackung zu öffnen. Allein der Umgang mit den Radflaschen will gelernt sein.

Testen Sie alles, was Sie im Rennen verwenden wollen. Testen Sie Ihre Ausrüstung ausgiebig. Nutzen Sie auch hier die langen Trainingseinheiten. Eine scheuernde Naht im Trikot, ein falsch eingestellter Lenker oder ein zu enger Laufschuh machen sich vielleicht erst nach mehreren Stunden und vielen Kilometern bemerkbar. Wenn Sie sich im Rennen die Haut aufscheuern, Rückenschmerzen bekommen oder einen Zehennagel verlieren, dann kann Sie das um den Erfolg Ihres gesamten, jahrelangen Trainings bringen. Gehen Sie keine unnötigen Risiken ein.

Grundlagentraining
Das Grundlagentraining hat drei Schwerpunkte:

- Schwimmtechnik
- Grundlagenausdauer
- Umfangreiches Lauftraining

Für die Verbesserung Ihrer Schwimmtechnik sollten Sie mindestens einmal in der Woche eine Stunde im Wasser trainieren. Wenn Sie noch nicht Kraulschwimmen können, es aber lernen wollen, dann sollten Sie dafür besser zwei Trainingseinheiten pro Woche ansetzen. Wenn Sie oft schwimmen gehen, werden Sie schneller Verbesserungen erzielen.

Die Grundlagenausdauer ist sehr wichtig. Ihr Körper muss lernen, Kohlenhydrate zu schonen, Fette zu verbrennen und trotzdem eine gewisse Grundleistung zu erbringen. Sie trainieren die Grundlagenausdauer mit langen Läufen und langen Radfahrten im Pulsbereich GA1. Sie fangen mit relativ kurzen Einheiten an und steigern sich langsam, von Woche zu Woche. Erst mit längeren Einheiten werden Sie Ihre Grundlagenausdauer tatsächlich verbessern können. Es ist aber wichtig, mit kürzeren Einheiten zu beginnen, denn Ihr Körper muss sich erst langsam an die Umfänge gewöhnen. Im Grundlagentraining absolvieren Sie einen langen Lauf und eine lange Radfahrt pro Woche.

Neben dem langen Lauf werden Sie noch eine weitere Laufeinheit in Ihre Woche aufnehmen. Sie laufen eine kürzere Strecke im Pulsbereich GA2. Wie schon erwähnt, ist Laufen relativ belastend für Sehnen und Gelenke. Ihre Muskeln und Ihr Herz-Kreislaufsystem werden sich schnell anpassen, die Sehnen und die Gelenke brauchen mehr Zeit. Deshalb ist es wichtig, dass Sie schon frühzeitig regelmäßig laufen. Der eine lange Lauf pro Woche wäre zu wenig.

Alles in allem besteht eine Woche Grundlagentraining also aus vier bis fünf Trainingseinheiten:

- ein bis zweimal Schwimmtechnik
- eine kürzere Laufeinheit, Pulsbereich GA2
- eine lange Radfahrt, Pulsbereich GA1
- ein langer Lauf, Pulsbereich GA1

Die Umfänge steigern sich in jeder Woche um 10 % im Vergleich zur Vorwoche. In jeder vierten Woche senken Sie den Umfang um 20 %. Die vierte Woche dient der Regeneration. Den nächsten Vierwochenzyklus beginnen Sie jeweils mit den Umfängen aus der Woche vor der Regenerationswoche. Dann steigern Sie wieder um 10 % usw.

In Tabelle 3 sehen Sie den Verlauf des Grundlagentrainings. „S" steht für Schwimmen, „LGA2" für die kürzere Laufeinheit, „LGA1" ist der lange Lauf und „RGA1" bezeichnet die lange Radfahrt. In den Zeilen sind die Trainingsumfänge in Stunden und Minuten angegeben.

Die Spalte „Jahr 1" zeigt die Einordnung des Grundlagentrainings in die Jahresplanung des Vorbereitungsjahres. „Jahr 2" stellt das Grundlagentraining im Langdistanz-Jahr dar. Im ersten Jahr haben Sie die Wahl, ob Sie einen Ruhemonat einlegen wollen oder nicht. Wenn Sie vorher schon umfangreich trainiert haben, sollten Sie einen Ruhemonat einlegen, sonst ist das nicht notwendig.

Wenn Sie keinen Ruhemonat planen, beginnen Sie mit dem Grundlagentraining bei „Start A". Bis zum Zeitpunkt „Ende" vergehen 20 Wochen, dann folgt das 30 Wochen dauernde Wettkampftraining. Zusammen mit zwei Wochen Sicherheitspuffer ergibt das 52 Wochen, die Dauer eines Trainingsjahres.

Zyklus	S	LGA2	LGA1	RGA1	Jahr 1	Jahr 2
Woche A	01:00	00:11	00:22	00:33	Start A	
Woche B	01:00	00:12	00:24	00:36		
Woche C	01:00	00:13	00:26	00:39		
Regeneration	01:00	00:10	00:21	00:31		
Woche A	01:00	00:13	00:26	00:39		
Woche B	01:00	00:14	00:29	00:43		
Woche C	01:00	00:16	00:32	00:48		
Regeneration	01:00	00:12	00:25	00:38		
Woche A	01:00	00:16	00:32	00:48	Start B	
Woche B	01:00	00:17	00:35	00:53		
Woche C	01:00	00:19	00:38	00:58		
Regeneration	01:00	00:15	00:31	00:46		
Woche A	01:00	00:19	00:38	00:58		
Woche B	01:00	00:21	00:42	01:04		
Woche C	01:00	00:23	00:47	01:10		
Regeneration	01:00	00:18	00:37	00:56		
Woche A	01:00	00:23	00:47	01:10		Start
Woche B	01:00	00:25	00:51	01:17		
Woche C	01:00	00:28	00:57	01:25		
Regeneration	01:00	00:22	00:45	01:08	Ende	
Woche A	01:00	00:28	00:57	01:25		
Woche B	01:00	00:31	01:02	01:34		
Woche C	01:00	00:34	01:09	01:43		
Regeneration	01:00	00:27	00:55	01:22		
Woche A	01:00	00:34	01:09	01:43		
Woche B	01:00	00:37	01:15	01:53		
Woche C	01:00	00:41	01:23	02:05		
Regeneration	01:00	00:33	01:06	01:40		Ende

Tabelle 3: Umfänge Grundlagentraining

Wenn Sie einen Ruhemonat mit vier Wochen einplanen, müssen Sie mit höheren Umfängen starten. Starten Sie in diesem Fall bei „Start B". Trainieren Sie ein bis zwei vierwöchige Zyklen, dann setzen Sie für vier Wochen aus. Das ist der Ruhemonat. Danach beginnen Sie erneut mit den Umfängen aus dem Zyklus, der vor dem Ruhemonat lag. Insgesamt gehen Ihnen also die Steigerungen von zwei Zyklen verloren, durch den Ruhemonat selbst und durch die Wiederholung des Zyklus, der vor dem Ruhemonat lag. Statt fünf Steigerungen können Sie nur drei Steigerungen schaffen.

Jetzt kennen Sie die Trainingsinhalte und die Umfänge für das Grundlagentraining. Sie wissen, wie Sie das Grundlagentraining in die Jahresplanung einordnen können. Was Ihnen noch fehlt, ist eine Vorgabe für die Wochenplanung. Sie kennen Inhalte und Umfänge der einzelnen Wochen, jetzt müssen Sie die Einheiten auf die Wochentage verteilen.

Bei der Wochenplanung müssen Sie natürlich in erster Linie Rücksicht auf private und berufliche Termine und Zusammenhänge nehmen. Deshalb machen Sie die Wochenplanung erst dann, wenn die konkrete Woche beginnt. Nehmen Sie sich etwas Zeit dafür. Untersuchen Sie, welche Störungen es in der letzten Woche gab und sammeln Sie Erfahrungen. Ziehen Sie Schlüsse aus diesen Erfahrungen. Was lief gut, was lief nicht so gut, wie könnte es in Zukunft besser gehen. Erst dann planen Sie die vor Ihnen liegende Woche. Vielleicht nehmen Sie sich dafür einen Tag Auszeit, an dem Sie nicht trainieren. Sie können dann in aller Ruhe eine Nachbetrachtung der letzten Woche vornehmen und die nächste Woche planen. Daraus ergibt sich dann schon der erste Tag der Woche: Montag – Regeneration, Erfahrungen, Planung.

Um der Regeneration von den langen Läufen und Radfahrten vom letzten Wochenende noch mehr Zeit zu geben, planen Sie für Dienstag das Schwimmtraining ein. Ihre Beine können sich im warmen Wasser sanft entspannen, während Sie an Ihrer Technik arbeiten.

Am Mittwoch starten Sie mit dem Lauftraining. Sie beginnen mit der kürzeren Laufeinheit im Pulsbereich GA2. So, wie Sie über Wochen die Umfänge steigern, so machen Sie es auch in der Woche. Sie beginnen mit den leichteren, kürzeren Einheiten und steigern die Umfänge langsam. Am Ende folgt die Regeneration.

Am Donnerstag und am Freitag erholen Sie sich vom Lauftraining. Wenn Sie wollen, können Sie eine zusätzliche Schwimmeinheit einschieben. Das sollten Sie vor allem dann machen, wenn Sie noch viel an Ihrer Technik arbeiten müssen. Wenn es Ihnen zu langweilig wird, können Sie auch ein Krafttraining im Fitnessstudio einbauen. Trainieren Sie Ihre Rumpfmuskulatur, damit sie den Belastungen beim Radfahren und beim Laufen gewachsen ist. Gehen Sie zur Massage, auch das ist ein wichtiger Beitrag, den Sie leisten können. Es muss nicht immer Training sein.

Der Sonnabend und der Sonntag sind für die langen Einheiten am besten geeignet. Beginnen Sie mit der langen Radfahrt am Sonnabend. Wenn Sie von der Radrunde zurück sind, ziehen Sie sich die Laufschuhe an und laufen noch ein paar Meter um sich an den Wechsel zu gewöhnen. Am Sonntag folgt dann der lange Lauf im GA1-Bereich. Der lange Lauf ist von der Zeitdauer her kürzer als die Radfahrt, durch die Laufbewegung aber belastender als das Radfahren. Deshalb bildet der lange Lauf den Höhepunkt der Trainingswoche und steht ganz am Ende.

Das ist aber nur ein Beispiel dafür, wie Sie Ihre Woche planen können. Sie können Ihren Trainingsplan natürlich auch anders aufbauen. Sie sollten sich dabei jedoch immer daran orientieren, zuerst mit den leichteren und kürzeren Einheiten zu beginnen und dann zu den schwereren, längeren Einheiten zu kommen. Wechseln Sie die Sportarten ab, laufen Sie nicht zwei Tage hintereinander. Jetzt, wo Sie noch bis zu drei Tage Regeneration einplanen können, sollten Sie diese Tage auf die Woche verteilen und nicht direkt hintereinander nehmen.

Bei aller Planung bleibt Ihnen immer noch die Flexibilität, auf unerwartete Ereignisse zu reagieren. Wenn Sie einmal nicht zum geplanten Training kommen, dann können Sie die Einheiten kurzfristig verschieben oder vertauschen. Wenn es Ihnen nicht gelingt, den geplanten Wochenumfang zu schaffen, dann opfern Sie zunächst die Trainingseinheiten, die nicht so wichtig sind. Stellen Sie sicher, dass Sie mindestens ein Schwimmtraining, die lange Radfahrt und den langen Lauf erledigen können. Wenn sich eine Störung am Wochenende abzeichnet, z.B. weil Sie Besuch bekommen oder eingeladen sind, dann können Sie die langen Einheiten zur Not auch in die Woche verschieben. Beim Grundlagentraining sind die Umfänge noch nicht so hoch. Eine zweistündige Radfahrt können Sie auch nach Feierabend noch erledigen.

Wettkampftraining im Vorbereitungsjahr

Im Vorbereitungsjahr trainieren Sie auf eine Mitteldistanz oder einen Halb-Ironman. Das Wettkampftraining dauert 30 Wochen. Im Grundlagentraining haben Sie dafür eine solide Grundlage gelegt, auf die Sie jetzt aufbauen können.

Sie behalten den bisherigen Trainingsplan in etwa bei. Wir nehmen nur ein paar kleine Veränderungen vor und erhöhen natürlich die Umfänge.

Wenn Sie im Grundlagentraining nur eine Schwimmeinheit pro Woche geschwommen sind, dann ist es jetzt an der Zeit, eine zusätzliche Einheit einzuplanen. Arbeiten Sie an Ihrer Schwimmtechnik. Sie müssen so kraftsparend wie möglich schwimmen. Vor allem müssen Sie Ihre Beine schonen. Die Beine haben schon auf dem Rad und auf der Laufstrecke Schwerstarbeit zu leisten, da sollten Sie im Wasser nur sparsam eingesetzt werden.

Nutzen Sie den Sommer, um im offenen Wasser zu trainieren. Sie können jetzt auch einmal probieren, eine lange Strecke zu schwimmen. Das gibt Ihnen Selbstvertrauen für die Wettkampfstrecke. Schwimmen Sie ab und zu im Neoprenanzug, Sie müssen sich daran gewöhnen.

Bei den Radfahrten steigern wir die Umfänge ab jetzt nur noch um 5 %. Auf drei Wochen Steigerung kommt wieder eine Regenerationswoche mit 20 % weniger Umfang. Danach geht es mit dem Umfang aus der dritten Woche weiter, wie gewohnt.

Schon im Grundlagentraining sind Sie im Anschluss an die lange Radfahrt eine kurze Strecke gelaufen, das bauen wir jetzt noch aus. An jede lange Radfahrt schließt sich jetzt ein Lauf an. Die Umfänge des Laufes steigern sich von Woche zu Woche. An dieser Stelle bleibt es bei den 10 % Steigerung.

Auch beim langen Lauf steigern Sie die Umfänge ab jetzt, wie bei den Radfahrten, nur noch um 5 % je Woche.

Der kürzere Lauf beginnt mit einer halben Stunde und wird von Woche zu Woche um 10 % bis auf eine Stunde gesteigert. Danach bleibt der Umfang konstant.

Weil die langen Radfahrten und langen Läufe jetzt zu hohen Umfängen aufgebaut werden, können Sie auf die strikte Einhaltung des Pulsbereichs GA1 verzichten. Wenn Sie Ihre Kohlenhydrate fast aufgebraucht haben, können Sie vielleicht den Puls nicht mehr in diesem Bereich halten. Ihr Körper verbrennt jetzt mehr Fett und dafür benötigt er mehr Sauerstoff. Versuchen bei den langen Einheiten einfach so lange wie möglich im GA1-Bereich zu bleiben. Wenn Ihr Puls nach einer gewissen Strecke steigt, können Sie im GA2-Bereich weiter trainieren.

Der gesamte zeitliche Aufwand für das Training liegt am Anfang bei etwa 5 Wochenstunden und am Ende bei 8 Stunden und dreißig Minuten.

W	Z	S	Vorbereitungsjahr LGA2	Lange Radfahrt RGA1-2	-	LGA1-2	Langer Lauf LGA1-2
1	A	02:00	00:30	01:30	-	00:08	01:00
2	B	02:00	00:33	01:35	-	00:08	01:03
3	C	02:00	00:36	01:40	-	00:09	01:07
4	Reg	02:00	00:29	01:20	-	00:07	00:53
5	A	02:00	00:36	01:40	-	00:09	01:07
6	B	02:00	00:39	01:45	-	00:10	01:10
7	C	02:00	00:43	01:50	-	00:11	01:14
8	Reg	02:00	00:35	01:28	-	00:09	00:59
9	A	02:00	00:43	01:50	-	00:11	01:14
10	B	02:00	00:48	01:56	-	00:12	01:17
11	C	02:00	00:53	02:01	-	00:14	01:21
12	Reg	02:00	00:42	01:37	-	00:11	01:05
13	A	02:00	00:53	02:01	-	00:14	01:21
14	B	02:00	00:58	02:07	-	00:15	01:25
15	C	02:00	01:00	02:14	-	00:17	01:30
16	Reg	02:00	00:48	01:47	-	00:13	01:12
17	A	02:00	01:00	02:14	-	00:17	01:30
18	B	02:00	01:00	02:21	-	00:18	01:34
19	C	02:00	01:00	02:28	-	00:20	01:39
20	Reg	02:00	01:00	01:58	-	00:16	01:19
21	A	02:00	01:00	02:28	-	00:20	01:39
22	B	02:00	01:00	02:35	-	00:22	01:44
23	C	02:00	01:00	02:43	-	00:25	01:49
24	Reg	02:00	01:00	02:10	-	00:20	01:27
25	A	02:00	01:00	02:43	-	00:25	01:49
26	B	02:00	01:00	02:51	-	00:27	01:54
27	C	02:00	01:00	03:00	-	00:30	02:00
28	-	01:00	01:00	02:00	-		01:20
29	-	01:00	00:45	01:30	-		01:00
30	X	00:15	00:30				

Tabelle 4: Wettkampftraining im Vorbereitungsjahr

Die Umfänge steigern sich bis zur Woche 27. In den darauffolgenden Wochen reduziert sich das Training drastisch. Sie müssen ausgeruht in den Wettkampf gehen. In der letzten Woche brauchen Sie nicht mehr richtig zu trainieren. Ein kurzes Schwimmen und ein lockerer Lauf reichen aus, um das Gewissen zu beruhigen. Am Wochenende der letzten Woche erreichen Sie das Jahresziel und schaffen einen Halb-Ironman oder einen Mitteldistanz-Triathlon. Sie sind auf dem besten Weg zur Langdistanz!

Wettkampftraining im Langdistanz-Jahr
Die direkte Vorbereitung auf den Wettkampf dauert 30 Wochen. Das ist eine sehr lange Zeit. Eine Zeit, die Ihr Leben verändern wird. Sie werden fitter sein als jemals zuvor. Ihr Tagesablauf wird geprägt sein vom täglichen Training. Sie werden sich nur einen Ruhetag pro Woche gönnen. Triathlon wird zu einem Hauptbestandteil Ihres Lebens. Sie entwickeln sich zum Ironman.

Der Aufbau des Wettkampftrainings basiert auf dem des Grundlagentrainings. Wir nehmen jetzt aber noch ein paar Erweiterungen und Veränderungen vor.

Da ist zunächst einmal das Schwimmtraining. Wenn Sie bisher nur eine Schwimmeinheit pro Woche absolviert haben, dann ist jetzt der Zeitpunkt gekommen, zwei Schwimmeinheiten pro Woche einzuplanen. Es ist nicht entscheidend, dass Sie das jede Woche schaffen. Die zweite Schwimmeinheit können Sie auslassen, wenn der Zeitplan es einmal nicht erlaubt. Wenn Sie zum Beispiel eine Dienstreise unternehmen müssen, lohnt es sich nicht, vor Ort nach einer Schwimmhalle zu suchen. In den Wochen, wo es problemlos möglich ist, sollten Sie aber nicht auf die zweite Schwimmeinheit verzichten.

Schwimmtraining ist Techniktraining. Mit der zweiten Einheit haben Sie die Möglichkeit, gezielt an einzelnen Aspekten Ihrer Technik zu arbeiten. Konzentrieren Sie sich zum Beispiel in der ersten Einheit auf einen sauberen Armzug und in der zweiten Einheit auf die Atemtechnik.

Mit fortgeschrittenem Training können Sie aber auch einmal einen Ausdauertest schwimmen. Schwimmen Sie mindestens die Hälfte dessen, was Sie im Wettkampf leisten müssen, so bekommen Sie ein Gefühl dafür, ob Sie die gesamte Strecke schaffen können. Wenn ihre Ausdauer noch nicht für weite Strecken ausreicht, dann liegt es ganz sicher an der Technik. Arbeiten Sie weiter daran. Schwimmen Sie langsam und achten Sie auf einen sauberen Stil.

Nutzen Sie den Sommer, trainieren Sie möglichst oft im offenen Wasser in einem See oder im Meer. Sie sollten dabei ab und zu den Neoprenanzug ausprobieren, damit Sie ein Gefühl dafür bekommen, damit zu schwimmen.

Ergänzen Sie Ihr Training durch eine weitere Radeinheit. Diese Einheit ist kürzer als die lange Radfahrt. Sie können daher den höheren Pulsbereich GA2 dafür wählen.

Die beiden langen Einheiten werden etwas verändert. Statt nur zu laufen, fahren Sie jetzt erst etwas Rad und wechseln erst dann zum Laufen. Ihre Energiereserven sind dann schon etwas aufgebraucht, bevor Sie mit dem Laufen beginnen. Ihr Kreislaufsystem ist schon in Schwung und die Fettverbrennung in vollem Gange. Der lange Lauf wird dadurch für den Kreislauf noch länger, aber nicht zu lang für die Gelenke, weil das Radfahren nicht so belastend ist.

So ähnlich verfahren Sie mit der langen Radfahrt. Hier sind Sie es schon aus dem Grundlagentraining gewohnt, ein paar hundert Meter anzuhängen. Das dehnen wir jetzt noch aus. Zum einen verlängern wir damit die Trainingseinheit und zum anderen trainieren Sie weiterhin den Wechsel und erleben im Rennen keine Überraschung, wenn Sie vom Rad steigen und die Laufschuhe anziehen müssen.

Bei den beiden langen Einheiten können Sie jetzt auf die strikte Einhaltung des Pulsbereichs GA1 verzichten. Vermutlich werden Sie den Puls nicht beliebig lange niedrig halten können. Sobald die Kohlenhydrate zur Neige gehen, wird Ihr Körper stärker auf Fettverbrennung setzen. Das ist auch gut so, denn genau das wollen Sie ja trainieren. Mit der stärkeren Fettverbrennung benötigen Sie aber auch mehr Sauerstoff und damit wird Ihr Puls schneller. Versuchen Sie in den langen Einheiten so lange wie möglich im GA1-Bereich zu bleiben. Wenn das nicht mehr geht, orientieren Sie sich am GA2-Bereich.

Alles in allem sieht Ihre normale Trainingswoche dann so aus:

- zweimal Schwimmtechnik
- eine kürzere Laufeinheit, Pulsbereich GA2
- eine kürzere Radfahrt, Pulsbereich GA2
- eine lange Radfahrt mit anschließendem Lauf, Pulsbereich GA1 bis GA2
- Radfahrt mit anschließendem langen Lauf, Pulsbereich GA1 bis GA2

Wie schon im Grundlagentraining, werden Sie die Umfänge auch im Wettkampftraining von Woche zu Woche steigern. Der Trainingsplan beginnt mit etwas geringeren Umfängen, durch die zusätzlichen Einheiten ist der gesamte Umfang jedoch etwas höher geworden. Die Umfänge steigern sich drei Wochen um jeweils 10 %. Dann folgt die Regenerationswoche mit einer Reduzierung um 20 %. Wie gewohnt startet die erste Woche des nächsten Zyklus mit den Umfängen der Woche vor der Regeneration. Zwei Schritt vorwärts, ein Schritt zurück.

W	Z	S	LGA2	RGA2	RGA1-2	-	LGA1-2	RGA1	-	LGA1-2
					Lange Radfahrt			**Langer Lauf**		
1	A	02:00	00:30	01:00	01:19	-	00:16	00:16	-	00:47
2	B	02:00	00:33	01:06	01:26	-	00:17	00:17	-	00:52
3	C	02:00	00:36	01:12	01:35	-	00:19	00:19	-	00:57
4	Reg	02:00	00:29	00:58	01:16	-	00:15	00:15	-	00:45
5	A	02:00	00:36	01:12	01:35	-	00:19	00:19	-	00:57
6	B	02:00	00:39	01:19	01:45	-	00:21	00:21	-	01:03
7	C	02:00	00:43	01:30	01:55	-	00:23	00:23	-	01:09
8	Reg	02:00	00:35	01:12	01:32	-	00:18	00:18	-	00:55
9	A	02:00	00:43	01:30	01:55	-	00:23	00:23	-	01:09
10	B	02:00	00:48	01:30	02:07	-	00:25	00:25	-	01:16
11	C	02:00	00:53	01:30	02:19	-	00:28	00:28	-	01:24
12	Reg	02:00	00:42	01:30	01:51	-	00:22	00:22	-	01:07
13	A	02:00	00:53	01:30	02:19	-	00:28	00:28	-	01:24
14	B	02:00	00:58	01:30	02:33	-	00:31	00:31	-	01:32
15	C	02:00	01:04	01:30	02:49	-	00:34	00:34	-	01:41
16	Reg	02:00	00:51	01:30	02:15	-	00:27	00:27	-	01:21
17	A	02:00	01:04	01:30	02:49	-	00:34	00:34	-	01:41
18	B	02:00	01:10	01:30	03:06	-	00:37	00:37	-	01:52
19	C	02:00	01:17	01:30	03:24	-	00:41	00:41	-	02:03
20	Reg	02:00	01:02	01:30	02:43	-	00:33	00:33	-	01:38
21	A	02:00	01:17	01:30	03:24	-	00:41	00:41	-	02:03
22	B	02:00	01:25	01:30	03:45	-	00:45	00:45	-	02:15
23	C	02:00	01:34	01:30	04:07	-	00:50	00:50	-	02:29
24	Reg	02:00	01:15	01:30	03:18	-	00:40	00:40	-	01:59
25	A	02:00	01:30	01:30	04:07	-	00:50	00:50	-	02:29
26	B	02:00	01:30	01:30	04:32	-	00:55	00:55	-	02:43
27	C	02:00	01:30	01:30	05:00	-	01:00	01:00	-	03:00
28	-	01:00	01:00	01:00	03:20	-		00:48	-	02:00
29	-	01:00	00:45	00:45	02:30	-			-	01:30
30	X	00:15	00:30	00:30						

Tabelle 5: Wettkampftraining im Langdistanz-Jahr

Die zweite Radeinheit und die zweite Laufeinheit bleiben dabei auf maximal 1:30 begrenzt. Der wöchentliche Trainingsumfang startet bei ca. 6 Stunden und gipfelt in der 27. Woche bei 15

Stunden. Danach reduziert sich das Training für die letzten drei Wochen. Jetzt geht es darum, die Form zu halten. Sie sollen erholt in den Wettkampf gehen. Der Lauf direkt vor der langen Radfahrt und die Radfahrt vor dem langen Lauf fallen jetzt weg. In der letzten Woche brauchen Sie nicht mehr aktiv zu trainieren. Die kurzen Trainingseinheiten dienen nur der Auflockerung. Am Wochenende der 30. Woche folgt dann der Wettkampf. Wenn Sie diesen Plan verfolgt haben, sind Sie dafür perfekt vorbereitet und es kann nicht mehr viel schief gehen.

Trainingsausfall
Wenn Sie aus Zeitgründen einen Tag nicht trainieren können, dann lassen Sie die Trainingseinheit einfach weg. Achten Sie darauf, dass Sie die langen Einheiten, die lange Radfahrt und den langen Lauf zuletzt opfern. Verzichten Sie lieber auf eine nicht so wichtige Einheit und verschieben Sie die umfangreiche, lange Einheit auf einen anderen Tag.

Wenn Sie nicht laufen können, zum Beispiel weil Sie eine leichte Verletzung haben, dann ersetzen Sie die Laufeinheit durch eine Radeinheit von gleicher Zeitdauer. So trainieren Sie Herz und Kreislauf genauso gut, als wenn Sie laufen würden.

Versuchen Sie nie, eine weggefallene Einheit in den nächsten Tagen zusätzlich zum normalen Trainingsplan nachzuholen, das funktioniert nicht. Der Trainingseffekt stellt sich nicht im Training selbst ein. Der Trainingseffekt kommt im Schlaf und in der Regeneration. Dann ruht sich Ihr Körper von den Belastungen aus und steigert seine Leistungsfähigkeit, um auf kommende Belastungen besser vorbereitet zu sein. Wenn Sie jetzt einfach doppelt so viel trainieren, dann kann Ihr Körper das gar nicht verarbeiten.

Wenn Sie krank werden oder sich ernsthaft verletzen, dann werden Sie gezwungen sein, eine oder mehrere Wochen auszusetzen. Verschleppen Sie Erkrankungen nicht. Gehen Sie früher zum Arzt, als Sie es normalerweise tun würden. Wenn Sie die Erkrankung oder Verletzung nicht schnell auskurieren, dann gefährden Sie unter Umständen den gesamten Trainingsplan.

Sollten Sie eine ganze Woche ausfallen, also beide langen Trainingseinheiten nicht absolvieren können, dann müssen Sie die Planung korrigieren. Handelt es sich um eine Regenerationswoche, die vierte Woche im Zyklus, wo Sie die Umfänge um 20 % reduzieren, dann lassen Sie diese Woche einfach weg und starten Sie in der nächsten Woche mit dem nächsten Steigerungszyklus.

Fällt die dritte Woche „C" einer Steigerung aus, die Woche vor der Regenerationswoche, dann verfahren Sie ähnlich. Lassen Sie die Woche ausfallen und machen Sie mit der Regenerationswoche weiter.

Fällt die zweite Woche „B" einer Steigerung aus, dann holen Sie diese Woche in der darauf folgenden Woche nach. Lassen Sie dafür die letzte der drei Steigerungswochen wegfallen und steigen Sie in der Regenerationswoche wieder in das planmäßige Training ein.

So ähnlich verfahren Sie, wenn die erste Woche „A" einer Steigerung ausfällt. Holen Sie die Woche nach. Steigern Sie dann ganz normal und trainieren Sie mit den Umfängen der zweiten Woche „B" aus diesem Zyklus. Lassen Sie die dritte Woche wegfallen und steigen Sie mit der Regenerationswoche wieder in den Plan ein.

Sollten Sie einmal länger krank werden, wenn Sie also zwei Wochen verlieren, dann wird es komplizierter. Sie können jetzt eine der Reservewochen opfern und Ihren Plan entsprechend anpassen. Mit der anderen Woche die ausgefallen ist, gehen Sie so um, als ob nur eine Woche ausgefallen wäre. Starten Sie vorsichtig. Wenn Sie zwei Wochen ausgefallen sind, sollten Sie das Training am Anfang etwas reduzieren. Beschränken Sie sich auf ein Schwimmtraining und die beiden langen Einheiten.

Sollten Sie tatsächlich einmal drei oder gar vier Wochen ausfallen, dann wird es eng. Sie können die zwei Wochen Sicherheitsreserve opfern und zusätzlich einen halben Zyklus wiederholen. Kürzen Sie Ihren Trainingsplan dafür am Ende um den letzten vollen Zyklus vor dem Rennen. Reduzieren Sie am Anfang zusätzlich die langen Einheiten und verzichten Sie zunächst auf die kürzeren Einheiten. Mit etwas Glück gelingt Ihnen der Wiedereinstieg und Sie können es noch schaffen. Vielleicht mit einer etwas schlechteren Zeit, aber darauf kommt es ja ohnehin nicht an. Ihr oberstes Ziel ist es, die Strecke zu schaffen, die Zeit ist zweitrangig.

Aber sicher haben Sie Glück und müssen Ihren Sicherheitspuffer nicht verwenden. Je näher der Wettkampftag rückt, desto unwahrscheinlicher wird es, dass Sie ausfallen und die zwei Wochen Sicherheit einsetzen müssen. Damit Ihr Plan dennoch auf den Punkt passt, müssen Sie jetzt die beiden Wochen anders verwenden. Teilen Sie einen der letzten Zyklen in zwei Teile. Beginnen Sie mit den ersten beiden Wochen der Steigerung „A" und „B". Dann legen Sie eine zusätzliche Woche Regeneration ein. Die Umfänge entsprechen denen der davor liegenden Regenerationswoche. Nach der Woche wiederholen Sie noch einmal den Plan der Woche „B" aus dem Zyklus. Dann folgt die dritte Woche „C" und danach die nächste Regeneration. So verbrauchen Sie zwei Wochen. Haben Sie nur eine Woche übrig, können Sie einfach die Regenerationswoche vor dem letzten Zyklus verdoppeln.

Wettkampf

Sie haben lange dafür trainiert, nun ist es soweit. Alles zielt auf diesen einen Tag im Jahr ab, auf den Wettkampf. Eigentlich ist ja im Triathlon der Weg das Ziel. Sie haben im Training enorm viel für Ihre Fitness getan und viel Neues dazugelernt, das allein war schon die Reise wert. Aber jetzt wollen Sie die Bestätigung dafür haben, dass Sie alles richtig gemacht haben. Jetzt wollen Sie den Lohn für die Quälerei. So kurz vor dem Ziel reicht aber schon ein kleiner Fehler aus, um den Erfolg zu vereiteln – seien Sie auf der Hut!

Organisieren Sie Ihre Anreise so, dass Sie in Ruhe vor Ort ankommen. Ein Triathlon startet in der Regel früh morgens. Die Ausgabe der Startnummern erfolgt normalerweise schon am Vortag. Bei einem Langdistanz-Triathlon müssen Sie zudem das Rad schon am Vortag in der Wechselzone abgeben. Wenn Sie erst auf den letzten Drücker anreisen, bringt das nur unnötigen Stress, das sollten Sie unbedingt vermeiden.

Wählen Sie die Unterkunft vor Ort mit Bedacht aus. Gönnen Sie sich und Ihren Fans ein wenig Luxus. Ein Hotel mit großzügigen Zimmern, einem guten Restaurant und mit einem Wellness-Bereich gibt Ihrer sportlichen Leistung den richtigen Rahmen. Beim Langdistanz-Triathlon sollten Sie darauf achten, dass das Hotel möglichst nah am Start liegt. Ideal ist es, wenn Sie zu Fuß zum Start gehen können. Ein Langdistanz-Triathlon startet früh morgens. Sie müssen sehr früh aufstehen. Wenn Ihr Hotel unmittelbar am Start liegt, können Sie ein paar Minuten länger schlafen.

Planen Sie mindestens eine zusätzliche Übernachtung nach dem Rennen ein. Ein Triathlon ist so ziemlich das Anstrengendste, was Sie ihrem Körper zumuten können. Wenn Sie im Ziel sind, werden Sie feiern wollen. Danach können Sie ins Hotelbett fallen und am nächsten Morgen ausschlafen.

Achten Sie darauf, dass Sie in der Woche vor dem Wettkampf ausreichend schlafen. Vermeiden Sie jede Art von

Stress. Gehen Sie Konflikten aus dem Weg. Das hat Zeit für nach dem Wettkampf. Planen Sie keine Dienstreise und keine Geburtstagsfeier. In der Nacht vor dem Wettkampf werden Sie kaum ruhig schlafen können. Also schlafen Sie auf jeden Fall in den Nächten davor ausreichend.

Wenn Sie mit dem Auto anreisen, sollten Sie nicht selbst fahren. Eine lange Autofahrt kann so ermüdend sein, dass Sie schon vorbelastet in das Rennen gehen müssten. Bei der Rückreise sind Sie sicher noch zu erschöpft vom Wettkampf und können sich nicht richtig konzentrieren. Überlassen Sie das Autofahren jemand anderem.

Informieren Sie sich schon vor der Anreise über die Bedingungen in der Wechselzone. Jede Veranstaltung hat hier ihre Besonderheiten. Bei meinem ersten Triathlon war ich überrascht zu sehen, dass die Räder in der Wechselzone mit dem Lenker über einen gespannten Draht gehängt werden mussten. Das funktionierte nur mit einem Rennlenker. An meinem Rad hatte ich aber einen geraden Lenker. Ich konnte zum Glück mit etwas Band improvisieren und knotete den Lenker damit am Seil fest. Beim nächsten Mal war ich besser vorbereitet und hatte ein passendes Stück Wäscheleine dabei.

Für das Schwimmen, Radfahren und Laufen benötigen Sie die entsprechende Kleidung, Ernährung und Ausrüstung. Damit Sie nichts vergessen, packen Sie am besten schon zu Hause fünf verschiedene Beutel:

- Kleidung vor dem Start bzw. nach dem Rennen: T-Shirt, Trainingsanzug, Badelatschen, Sportschuhe, Unterwäsche
- Schwimmausrüstung: Neoprenanzug, Badehose bzw. Badeanzug, Schwimmbrille, Ersatz-Schwimmbrille
- Radausrüstung: Helm, Radschuhe, Ersatzschlauch, Faltmantel, Luftpumpe, Reifenheber, Radhose, Radtrikot,

Trinkflaschen, Sonnenbrille, Sonnencreme, Energieriegel, Energiegel, Handtuch für die Wechselzone, Handy für Notrufe oder um eine Pannenhilfe anzurufen

- Laufausstattung: Laufschuhe, Socken, Laufhose, Lauf-Shirt, Energiegel, Gel-Gürtel, Pflaster für Brustwarzen
- Notfallausrüstung für die Fans zur Aufbewahrung: Blasenpflaster, Energiegel, Energieriegel, Gummibärchen, Sonnencreme, Ersatz-Laufhose, Ersatz-Lauf-Shirt

Packen Sie alles in eine große Sporttasche und halten Sie die Ausrüstung separat von anderen Dingen, die Sie sonst noch mitnehmen wollen. So können Sie nichts vergessen und haben jederzeit Überblick über Ihre Ausrüstung.

Legen Sie sich eine Rennstrategie zu recht. Die Strategie muss Ihrem Leistungsstand entsprechen. Gehen Sie auf Nummer sicher. Am Ende interessiert es niemanden, ob Sie eine Stunde schneller oder langsamer waren. Es ist vollkommen egal, welchen Platz Sie belegen. Es geht nur darum, dass Sie die Strecke überhaupt schaffen, das gilt insbesondere für die Langdistanz. Sie müssen sich mit niemandem messen. Bis auf ein paar Elite-Athleten an der Spitze des Rennens kämpft hier jeder für sich allein.

Fassen Sie Ihre Strategie in einem Satz zusammen. Wenn Sie später im Rennen vollkommen erschöpft sind, können Sie keine komplizierte Strategie mehr verfolgen. Dann ist es wichtig, dass sie sich leicht an ihre Strategie erinnern können. Beim Ostseeman 2009 hatte ich eine einfache Strategie:

> Sicher und gesund ankommen.

Dieser Strategie konnte ich im Rennen alles unterordnen. Machen Sie sich einen Fahrplan. Schwimmen, Radfahren und Laufen sind bei den meisten Strecken in Runden unterteilt. Beim Ostseeman sind es zwei Runden Schwimmen, sechs Runden Radfahren und fünf Runden Laufen. Rechnen Sie sich aus, wie viele Minuten Sie für jede dieser Runden benötigen werden. Für die Wechselzonen rechnen Sie ein paar Minuten hinzu. Gestalten Sie den Fahrplan so realistisch wie möglich. Orientieren Sie sich dabei an den Erfahrungen, die Sie im Training gemacht haben. Passen Sie den Fahrplan an die Strategie an. Wenn Ihre Strategie so wie meine auf Sicherheit und Gesundheit setzt, dann wählen Sie die Rundenzeiten so großzügig wie möglich. Je nach Veranstalter gibt es verschiedene Zeitbegrenzungen, die Sie beachten müssen. Davon abgesehen können Sie die Geschwindigkeit so langsam ansetzen, wie Sie wollen.

Schreiben Sie Ihren Fahrplan auf kleine Zettel. Eine Kopie legen Sie zu den Energieriegeln, die Sie für das Radfahren eingeplant haben. Eine andere Kopie nehmen Sie mit auf die Laufstrecke. Geben Sie Ihren Fans weitere Kopien, damit sie wissen, wann Sie wo zu erwarten sind. Schließlich wollen sie ja auch ordentlich angefeuert werden. Lernen Sie Ihren Fahrplan am besten auswendig.

Wenn Sie sich Gedanken über Ihren Fahrplan machen, dann denken Sie noch einmal ganz an den Anfang zurück. Überlegen Sie noch einmal in Ruhe, was genau Ihre Motivation ist. Warum wollen Sie diesen Triathlon schaffen? Es ist wichtig, dass Sie Ihre Motivation kennen. Wenn Sie im Rennen Probleme bekommen, dann müssen Sie wissen, warum Sie die ganzen Strapazen auf sich nehmen. Solange es gut läuft, ist das nicht so wichtig, aber wenn es schwer wird, dann geht es nicht mehr ohne dieses Wissen. Ihre Motivation, Ihre Rennstrategie und ihr Fahrplan müssen zusammenpassen. Dann werden Sie erfolgreich sein.

Runde	Zeit	Uhrzeit
Schwimmen 1	0:50	7.50
Schwimmen 2	1:40	8.40
Wechsel	1:50	8.50
Radfahren 1	3:00	10.00
Radfahren 2	4:10	11.10
Radfahren 3	5:20	12.20
Radfahren 4	6:30	13.30
Radfahren 5	7:40	14.40
Radfahren 6	8:50	15.50
Wechsel	9:00	16.00
Laufen 1	10:00	17.00
Laufen 2	11:00	18.00
Laufen 3	12:00	19.00
Laufen 4	13:00	20.00
Laufen 5	14:00	21.00

Tabelle 6: Rennstrategie für die Langdistanz

Im Training ging es nicht ohne Pulsuhr. Im Wettkampf brauchen Sie keine Pulsuhr. Eine Stoppuhr reicht vollkommen aus. Lassen Sie den Brustgurt weg und benutzen Sie Ihre Pulsuhr als Stoppuhr. Sie haben einen realistischen Fahrplan aufgestellt. Halten Sie sich an den Fahrplan und lassen Sie sich jetzt nicht von Pulsfrequenzen verunsichern. Vergessen Sie nicht, am Start auf die Uhr zu drücken. Falls Sie es doch vergessen, ist das auch nicht so schlimm. Sie haben auf dem Fahrplan auch die Uhrzeiten vermerkt, zu denen Sie die einzelnen Runden absolviert haben wollen. Die einfache Uhrzeit reicht also aus, um Ihren Rennverlauf zu kontrollieren.

Was Sie jetzt noch brauchen, um Ihre Rennstrategie zu vervollständigen, ist eine Ernährungsstrategie. Im Rennen werden Sie ungefähr 9.000 kcal verbrauchen. Die Glykogenvorräte in Ihren Muskeln und in der Leber reichen nicht im Mindesten aus, um diese Strecke zu bewältigen. Selbst dann, wenn Sie einen großen Teil aus der Verbrennung von Körperfett abdecken, brauchen Sie für die Strecke mehr Kohlenhydrate, als in Ihrem Körper gespeichert sind.

Sie müssen vor und während des Wettkampfes möglichst konstant Kohlenhydrate zuführen, damit Ihr Blutzuckerspiegel gleichmäßig hoch bleibt. Andernfalls riskieren Sie einen Leistungseinbruch, von dem Sie sich nicht mehr erholen werden. Sie müssen im Training selbst herausfinden, welche Ernährungsstrategie für Sie am besten geeignet ist. Es gibt dafür leider kein Patentrezept. Als Ausgangspunkt können Sie sich an meiner Ernährungsstrategie orientieren, mit der ich 2009 den Ostseeman gemeistert habe.

Zeitpunkt	Ernährung	Energiegehalt ca.
Zwei Stunden vor dem Start	3 Energieriegel	750 kcal
Zwanzig Minuten vor dem Start	1 Energieriegel	250 kcal
Radfahren, zweimal pro Runde (alle 15 km)	1 Energieriegel oder 3-4 Energiegel	250 kcal
Laufen, erste Runde (8,4 km)	5 Energiegel	325 kcal
Laufen, jede weiterer Runde (8,4 km)	1 Energiegel	65 kcal

Tabelle 7: Ernährungsstrategie Langdistanz

Eigentlich hatte ich mir eine Ernährungsstrategie zurecht gelegt, nach der ich insgesamt 7.000 kcal zu mir nehmen wollte, also 500 kcal pro Stunde. Das konnte ich jedoch nicht durchhalten. Schon auf dem Rad wurden mir die Energieriegel langsam über. Es wurde immer schwerer, das süße, klebrige Zeug zu essen. Ich habe dann zu Gel gewechselt, das an einer Verpflegungsstelle angeboten wurde. An dieser Stelle ein wichtiger Tipp: Verlassen Sie sich bei der Ernährung nicht auf den Veranstalter, führen Sie alles bei sich, was Sie brauchen. Es ist wichtig, dass Sie die Riegel und Gels, die Sie zu sich nehmen, im Training getestet haben und sicher gehen können, dass Sie sie vertragen und dass sie ihnen schmecken. Es kann auch vorkommen, dass die Vorräte nicht ausreichen. Auf der letzten Radrunde gab es bei meinem Ostseeman kein Gel mehr und ich war froh, dass ich wieder zurück auf meine eigenen Riegel umsteigen konnte.

Beim Laufen ist es einfacher, Gels zu sich zu nehmen als Riegel, die erst noch gekaut werden müssen. Auf der ersten Laufrunde konnte ich meinen Plan noch weiter verfolgen und eine Gelflasche mit dem Inhalt von 5 einzelnen Gels zu mir nehmen. Dann war es aber aus. Das süße Zeug hatte meine Verdauung total durcheinandergebracht und ich musste in der Folge mehrfach auf Toilette. An den Konsum von weiteren Gels war nicht mehr zu denken. Ich hatte starke Blähungen, konnte aber zum Glück noch weiter laufen. Anscheinend hatte ich noch so viel unverdaute Energie in mir, dass es bis ins Ziel reichte. Alles in allem, mit Bananenstückchen, Cola und isotonischen Getränken, habe ich ungefähr 5.000 kcal zu mir genommen.

Planen Sie alles von vorn bis hinten, aber bleiben Sie flexibel und denken Sie positiv. Das fängt schon beim Start an. Denken Sie noch einmal darüber nach, warum Sie hier sind. Es ist schon ein eigenartiges Gefühl, morgens um 7.00 Uhr am Strand zu stehen, vor sich die Ostsee mit eiskalten 16,5 °C. Normalerweise würde man es vermeiden, früh morgens aufzustehen, vier Energieriegel zu essen und dann ins kalte Wasser zu steigen. Es ist gut, wenn man in dem Moment genau weiß, warum man da steht.

Mir hat das jedenfalls sehr geholfen. Mir war klar, dass ich da stand, weil ich ein Abenteuer erleben wollte. Weil ich Spaß haben wollte. Also habe ich mir ganz fest vorgenommen, Spaß zu haben. Ein Langdistanz-Triathlon ist lang – man kann ganz viel Spaß dabei haben. Nach dem Einschwimmen wusste ich, dass ich mit dem kalten Wasser klarkommen werde. Ich dachte positiv: Zwar ist das Wasser eisig kalt – dafür aber fast ohne Wellen – das ist gut. An dieser Stelle noch ein Tipp: Wenn Sie sich eingeschwommen haben, lassen Sie die Schwimmbrille aufgesetzt. Wenn Sie die Brille jetzt hoch schieben und auf die Stirn setzen, dann wird sie anlaufen und Sie können nichts mehr sehen. Wenn Sie die Brille auf den Augen lassen, sehen

Sie zwar nicht so gut auf den Fotos aus – aber das lässt sich sicher verschmerzen.

Wenn Sie nicht zu den Top-Schwimmern gehören und wenn Ihre Rennstrategie auf Sicherheit setzt, dann starten Sie von hinten. Lassen Sie die anderen ruhig ins Wasser sprinten und sich unter Wasser verprügeln, Sie können ganz in Ruhe ins Wasser gehen und die ersten Meter ganz langsam schwimmen. Die Strecke ist lang, überholen können Sie immer noch.

Rechnen Sie damit, dass Sie eine Angstattacke bekommen. Das ist nicht ungewöhnlich. Es ist früh morgens, das Wasser ist kalt, Sie tragen einen engen Neoprenanzug. Selbst wenn Sie langsam und von hinten starten, sind Sie vermutlich auf den ersten Metern viel zu schnell unterwegs. Sie sind aufgeregt. Ihr Puls ist viel zu schnell. Das Wasser ist tief. Da kann man schon einmal Angst bekommen. Schwimmen Sie langsam und ruhig. Wenn es gar nicht mehr geht, schwimmen Sie ein paar Meter Brust. Dabei können Sie in Ruhe durchatmen. Die Angst geht so schnell, wie sie gekommen ist. Sie werden ihren Rhythmus finden und eine gute Zeit schwimmen.

Suchen Sie immer wieder den Wasserschatten eines anderen Schwimmers vor ihnen, das spart Energie. Aber verlassen sie sich nur auf ihre eigene Orientierung und schwimmen Sie nicht einfach anderen hinterher. Orientieren Sie sich am Land und an den Bojen.

Wenn Sie aus dem Wasser kommen, müssen Sie damit rechnen, dass Sie auf den ersten Metern nicht richtig laufen können. Durch kaltes Wasser und durch die rollende Bewegung beim Schwimmen kann ihr Gleichgewichtssinn gestört sein. Das vergeht zum Glück schnell. Vorsichtshalber sollten Sie beim Radfahren am Anfang sehr darauf bedacht sein, das Gleichgewicht zu halten.

Triathlonstrecken sind lang. Die Langdistanz-Strecke ist sehr sehr lang. Es gibt einen Trick, wie man lange Strecken psychologisch einfacher bewältigen kann. Sie müssen sich die Strecke einteilen. Da ist zunächst einmal die Einteilung in die drei Disziplinen. Erst Schwimmen, dann Radfahren und zum Schluss das Laufen. Jede der einzelnen Strecken kann man dann noch einmal unterteilen. Am einfachsten ist es, wenn die Strecken in mehreren Runden verlaufen, so wie beim Ostseeman. Die Schwimmstrecke hatte zwei Runden. Man schwimmt zunächst eine Runde und dann noch eine. Das ist psychologisch einfacher, als wenn man die ganze Strecke auf einmal schaffen müsste. Selbst die Runden kann man noch einmal unterteilen. Bis zur ersten Wendeboje, dann bis zur zweiten Wendeboje, am Start vorbei und dann das Ganze noch einmal von vorn.

Die Radstrecke hatte bei mir sechs Runden. Das ist eine schöne Einteilung. Zudem hat man schon nach drei Runden die Hälfte geschafft und nur noch drei Runden vor sich. Eine Runde später beginnt auch schon die vorletzte Runde.

Auf der Laufstrecke werden bei den langen Distanzen oft Kordeln gereicht, die man sich um den Hals oder ums Handgelenk hängen kann. Das erleichtert das Zählen. Es ist auch interessant, zu beobachten, wie viele Kordeln die anderen Läufer schon gesammelt haben. Man weiß dann genau, wer vor und wer hinter einem ist. Bei meinem Ostseeman musste ich zwar fünf Runden laufen, aber nur vier Kordeln sammeln. Das ist ein weiterer Trick – zählen Sie nur bis zum Ende der vorletzten Runde, nur bis dahin ist es schwer. Die letzte Runde ist nicht mehr schwer, da geht es nur noch ins Ziel. Das schaffen Sie so oder so.

Verfolgen Sie Ihren Plan so lange es geht. Wenn irgendetwas dazwischen kommt – nehmen Sie es gelassen und reagieren Sie flexibel. Nehmen Sie kleine Korrekturen an der Strategie vor.

Sie haben Puffer in den Fahrplan eingebaut. Vielleicht sind Sie, so wie ich, überraschend schnell geschwommen. Der Wechsel aufs Rad hat auch nicht so lange gedauert wie geplant. Zum Ende der Radstrecke bemerken Sie, dass es schwer wird, das Tempo aufrecht zu erhalten. Dann können Sie jetzt die Puffer aufbrauchen. Das ist besser, als wenn Sie Ihre Energie verpulvern und nachher nicht mehr laufen können. Der Tag ist noch lang und er hält noch viele Überraschungen bereit. Seien Sie geduldig. Setzen Sie Prioritäten. Es ist wichtiger, ins Ziel zu kommen, als eine gute Zeit zu erreichen.

Vertreiben Sie sich die Zeit mit positiven Gedanken. Denken Sie nicht darüber nach, wie lang die Strecke noch ist, die vor Ihnen liegt. Denken Sie darüber nach, wie lang die Strecke ist, die schon hinter Ihnen liegt. Denken Sie nur bis zum Ende der nächsten Runde. Denken Sie nur bis ans Ende der Disziplin. Danach kommt etwas Neues, darauf können Sie sich schon freuen. Endlich nicht mehr schwimmen, endlich Rad fahren. Endlich nicht mehr Rad fahren, nur noch laufen.

Wenn Sie überholt werden – nehmen Sie es positiv. Bei vielen Triathlons sind die Vornamen der Starter auf den Startnummern aufgedruckt. Beim Ostseeman habe ich immer die Namen gelesen, wenn ich überholt wurde. Wenn man mich auf dem Rad überrundet hat, dann habe ich gedacht – Oh, da kommt der Sebastian. Der Sebastian ist ein richtiger Triathlet, ein Ironman. Und jetzt kommt der Sven, auch Sven ist ein richtiger Ironman. Und ich bin auch einer, ich bin ein Athlet wie diese beiden. Nur noch zwei Runden, dann steige auch ich vom Rad und werde den Marathon laufen.

Bleiben Sie fröhlich. Sie machen das freiwillig. Niemand hat Sie dazu gezwungen. Lächeln Sie. Jubeln Sie den Zuschauern zu. Die stehen seit Stunden an der Strecke und applaudieren, das ist anstrengend. Die Verpflegungsposten, das sind alles freiwillige Helfer, die dazu beitragen, dass Sie hier und heute Ihren großen Tag erleben dürfen. Auf der letzten Runde bedanken Sie sich noch einmal bei allen Helfern. „Jetzt komme ich aber nicht noch einmal vorbei! Vielen Dank für Alles!".

Greifen Sie sich einen Schwamm und machen Sie sich frisch. Die Zielgasse wartet. Bitte lächeln! Es gibt da noch ein letztes Geheimnis: Man beeindruckt die Zuschauer viel mehr, wenn man ganz spät ins Ziel kommt und noch vollkommen frisch aussieht! Das ist viel besser, als eine gute Zeit und ein verbissener Gesichtsausdruck! Drehen Sie eine Pirouette auf der Zielgeraden und machen Sie einen Luftsprung! Sie haben ein Lebensziel erreicht! Und nebenbei Ihr Leben verändert. Herzlichen Glückwunsch!

Und danach?

Im Vorbereitungsjahr schaffen Sie eine Mitteldistanz oder einen Halb-Ironman. Sie werden sich schnell von der Belastung erholen. Ein bis zwei Wochen sollten Sie sich Ruhe gönnen. Ab und zu können Sie ein wenig schwimmen gehen oder einen lockeren Lauf machen. Nur um die Muskeln zu lockern und die Regeneration zu unterstützen. Warten Sie auf jeden Fall ab, bis der Muskelkater weg ist, dann können Sie direkt ins Langdistanz-Jahr starten und mit dem Grundlagentraining beginnen.

Nach dem Langdistanz-Triathlon sieht das ganz anders aus. Wenn Sie können, planen Sie für danach mindestens eine Woche Urlaub ein. Sie werden schwer erschöpft sein. Eine so starke Anstrengung belastet nicht nur den Körper, sondern auch den Geist. Ihre intellektuellen Fähigkeiten werden nicht mehr dieselben sein, wie davor. Diese Art von Erschöpfung lässt zum Glück schnell nach und nach einer Woche sind Sie wieder auf dem Dampfer. Die körperliche Erschöpfung hält länger an. Durch das viele Training können Sie die Belastung der Muskeln und Gelenke scheinbar schnell wegstecken. Ihr Herz-Kreislauf-System wird ihnen aber noch Wochen danach signalisieren, dass es nicht bereit ist, eine ähnliche Belastung noch einmal zu akzeptieren. Es fühlt sich an, wie nach einer langen und schweren Krankheit.

Lassen Sie sich Zeit. Genießen Sie den Erfolg. Schauen Sie sich die Fotos an, die Ihre Fans gemacht haben. Schreiben Sie auf, was Sie erlebt haben. Erzählen Sie es jedem, der es wissen will. Überlegen Sie in Ruhe, ob Sie im nächsten Jahr wieder an den Start gehen wollen oder nicht. Sie müssen sich jetzt nichts mehr beweisen. Sie haben eines der attraktivsten Ziele erreicht, die es für einen ambitionierten Ausdauersportler gibt. Sie sind ein Ironman. Das ist wie ein Titel, den man – einmal erworben – ein Leben lang trägt.

Wenn Sie das geschafft haben,
können Sie alles Mögliche schaffen!

Was wollen Sie als Nächstes tun?

Bonusmaterial

Einmal im Leben Langdistanz-Triathlon – zu diesem Thema möchte ich Ihnen noch mehr Informationen geben, als ich in dieses Buch packen konnte. Zum Glück gibt es das Internet!

Gehen Sie einfach auf die Webseite zum Buch:

http://sites.google.com/site/einmaldasbuch/

Ich wünsche Ihnen viel Erfolg bei Ihrem persönlichen

Einmal im Leben Langdistanz-Triathlon

Ihr Ulf Fischer